W0052812

Düsseldorf
Kulinarische Welten

Martina Vogt & Katharina Richter
Fotos: Michael Lübke

Droste Verlag

Frisches
Obst und Gemüse
macht jung und schön
Bleiben Sie fit bis ins hohe Alter.

HofLaden

Inhalt

Die Neue Rheinische Küche

„Düsseldorf ist kulinarisch auf hohem Niveau, die Düsseldorfer gehen viel aus und schätzen gutes Essen, die Gastronomieszene ist dicht und lebendig." Besser als Pâtissière Antonia Majunke, die für dieses Buch ein Dessert mit rheinischen Mirabellen zubereitete, können wir es nicht formulieren. Tatsächlich ist Düsseldorf nicht einfach nur eine wunderschöne, sehenswerte Stadt mit eleganter Kö, uriger Altstadt, quirliger Uferpromenade; nicht nur eine Shopping-Metropole mit internationalem Renommee. Die Landeshauptstadt ist außerdem ein lebendiger Tummelplatz für Gastronomen und Genießer, und Düsseldorfs kulinarische Welten zeigen sich noch vielfältiger als die Stadt selbst: Man könnte meinen, in der Landeshauptstadt gebe es nichts, was es nicht gibt, wenn es ums Essen geht. Ein Grund, warum sich viele junge Köche, die wir in diesem Buch vorstellen, hier niederlassen. Andere sind schon in Düsseldorf geboren und gern geblieben oder nach Lehr- und Wanderjahren in aller Welt hierher zurückgekehrt.

Das Wichtigste: regionale Zutaten

Und je weiter sie weg waren, desto mehr schätzen sie die regionale Küche. Manche zaubern aus den besten rheinischen und Düsseldorfer Rezepten, die sie schon von ihren Großmüttern kennen und lieben, mit wenigen Tricks und Kniffen zeitgemäße Gerichte. In diesem Buch verraten sie, wie Sauer- und Senfrostbraten, Himmel und Ähd, Lachs, einst der meist gegessene Fisch am und aus dem Rhein, oder auch Matjes überraschend und neu auf den Teller kommen. Das traditionelle Bütterken wird mit außergewöhnlichen Aufstrichen zu einer Delikatesse, die Kombination aus Blutwurst und Apfel zu feinen Vorspeisen. Einer von ihnen tritt den Beweis an, dass eine klassische Kohlroulade auch völlig ohne Fleisch hervorragend schmecken kann. Andere zaubern mit typisch rheinischen und Düsseldorfer Zutaten raffinierte Speisen: Hochprozentiges aus Niederkassel dient zum Marinieren von Gin-Tonic-Lachs, Killepitsch verfeinert japanische Hausmannskost, und ABB-Senf und Altbier geben nicht nur Herzhaftem, sondern sogar Süßem den letzten Pfiff.

Das Wichtigste aber: Alle beziehen Fleisch und Milchprodukte, Gemüse und Obst aus der Region, wann immer es möglich ist – ganz einfach, weil es besser schmeckt. Auf der Suche nach den Bezugsquellen von Düsseldorfs besten Köchen haben wir zahlreiche spannende Entdeckungen gemacht: Wir haben einen Gemüsegarten mitten in der Stadt kennengelernt, bei dem zahlreiche Küchenchefs Salate, Kräuter und essbare Blüten beziehen; ein Sternekoch hat uns einen schönen Teller damit zusammengestellt. Wir betrachten Schloss Benrath nun auch als Gemüselieferanten und die Niederkasseler Rheinwieser als Urban-Gardening-Zone. Wir haben Hecht aus dem Rhein zubereiten dürfen und im Stadtgebiet glückliche Hühner und Gänse gesehen. Und bei einem kleinen Ausflug ins Bergische auch fröhlich grunzende Schweine und Rindviecher auf der Weide. Kurz, wir haben mitten in der Stadt und um sie herum die Lust am Landleben entdeckt.

Regionale Zutaten, rheinische Rezepte, junge Köche, die beides auf neue Weise gekonnt miteinander verbinden – das ist die Neue Rheinische Küche, wie sie sich in Düsseldorf genießen lässt. Einige traditionelle Rezepte haben wir natürlich auch mitgeliefert: Matjesstipp, Sauer- und Gänsebraten sowie Apfel- und Speckpfannkuchen. Und Stielmus, übrigens das einzig wirklich rheinische Gemüse. Und weil die italienische die gefühlt wichtigste Küche der Stadt zu sein scheint, haben wir auch einen italienischen Schmorbraten zubereitet, sozusagen als Pendant zum rheinischen Sauerbraten.

Wir danken 20 Küchenchefs und Pâtissière Antonia Majunke für die spannenden Stunden, die wir in ihren Küchen verbringen durften. Wir bedanken uns auch bei allen anderen Düsseldorfern, die uns ihre Rezepte zur Verfügung stellten. Jetzt müssen Sie, lieber Leser, nur noch entscheiden, ob Sie selbst kochen oder essen gehen möchten. Wir wünschen so oder so

viel Spaß und guten Appetit!

Suppen & Vorspeisen

Schicke Suppe
IM RESTAURANT [A]DRESS KITCHEN & BAR

Wie schmeckt „knallfarben"? Was verbirgt sich hinter „spicy cashmere"? Und „ajour" – was könnte das sein? Im Restaurant [a]dress im jungen Boutique-Hotel Indigo tragen die Speisen von der aktuellen Mode inspirierte Namen. Das Design im gesamten Haus huldigt Düsseldorf als Mode-Metropole, Stoffe, Muster und Farben sowie Fotografien in den Zimmern, der Lobby, in Bar und Restaurant zeugen davon. Und wer in der bestens bestückten und trendy eingerichteten Bar einen Kaffee trinkt, bekommt ein hausgemachtes Plätzchen in Pumps-Form dazu.

Da darf natürlich auch das Restaurant nicht außen vor bleiben, und das Küchenteam zeigt sich nicht nur am Herd äußerst kreativ, sondern auch in der Namensfindung für die von ihm kreierten Speisen. „knallfarben" präsentiert sich ein Lachsfilet mit Purple-Curry-Cranberry-Schaum, Schlangengurken und Rote-Bete-Kartoffelbällchen. „spicy cashmere" bezeichnet einen Käsekuchen von der Ziege mit scharfem Beerenkompott. Und „ajour", in der Mode ein hauchzartes und transparentes Gewebe, steht für ein Carpaccio vom Kasseler mit einer Marinade aus Bolten Alt und krossem ABB-Senfkraut. Und dieses Carpaccio wiederum steht für den kulinarischen Stil, den die junge Küchenchefin Anja Dolfus

und ihr Sous-Chef Claudio Malandri pflegen: Sie möchten Düsseldorfs beste Gerichte mit regionalen Zutaten zeitgemäß interpretieren, sie sozusagen in ein neues Gewand kleiden.

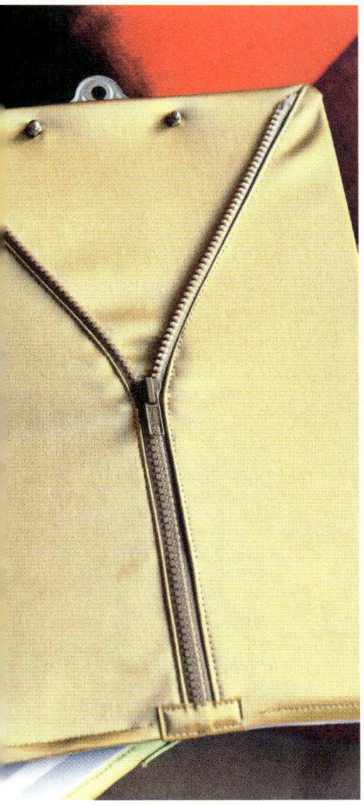

Auch das eine Hommage an die Landeshauptstadt – diesmal an deren Küche. Und so haben die beiden selbst die traditionelle rheinische Kartoffelsuppe modernisiert: Sie haben sie mit Äpfeln fruchtig aromatisiert und ihr mit krossen Röstzwiebeln und herzhafter Flönz ein schickes Topping verpasst – „crop top" heißt die Suppe auf der Karte und hat das Zeug zu einem neuen Klassiker. Den letzten Kick bekommen ihre Gerichte übrigens durch die Kräuter aus dem hauseigenen Gärtchen gleich bei der sonnigen Restaurantterrasse, das sie gemeinsam liebevoll hegen und pflegen.

Restaurant [a]dress kitchen & bar
www.indigoduesseldorf.com
www.a-dress-kitchenandbar.de
Pempelfort, Kaiserswerther Str. 20
Fon 4 99 99 22

Kartoffel-Apfel-Suppe
mit Flönz

CHEF-TIPP

„Porree nie zu lange rösten, sonst wird er bitter."

Zutaten für 4 Personen

200 g Gemüsezwiebeln
Öl zum Braten
1 kg Kartoffeln
1/2 Stange Porree
150 ml trockener Weißwein
250 ml Apfelsaft
1 l Gemüsebrühe
200 g Sahne
1 – 2 Äpfel (vorzugsweise Elstar)
Butter
Zucker
Calvados
1 Blutwurst
1 Frühlingszwiebel
Muskat
Mehl
Salz, Pfeffer, Pflanzenöl

 UND WAS GIBT'S ZU TRINKEN?

Ein gepflegtes Alt aus einer Düsseldorfer Hausbrauerei.

1 Zwiebeln fein würfeln und in Öl anschwitzen. Grob gewürfelte Kartoffeln dazugeben. Zum Schluss das Weiße der Porreestange in groben Stücken mit anschwitzen. Dies aber nur kurz, denn bekommt der Porree zu viel Hitze, wird er bitter. Mit Weißwein ablöschen. Apfelsaft und Gemüsebrühe angießen. Alles ca. 20 Minuten köcheln lassen, schließlich mit dem Küchenstab unter Zugabe der Sahne pürieren und mit Salz, Pfeffer und Muskat abschmecken.

2 Äpfel schälen und würfeln. Etwas Butter in der Pfanne erhitzen, bis sie fast braun ist. Apfelwürfel mit etwas Zucker darin anschwitzen und, so lange sie noch Biss haben, mit einem guten Schuss Calvados ablöschen. Warm stellen.

3 Vier fingerdicke Scheiben von der Blutwurst abschneiden und vierteln, diese in Mehl wälzen, bis sie von einer dünnen Schicht überzogen sind. In der heißen Pfanne kurz mit ein wenig Öl braten. Anja Dolfus: „Vorsicht, die Blutwurst wird beim Braten weich und zerfällt bei zu viel Hitze." Die Blutwurststücke aus der Pfanne nehmen.

4 Zum Anrichten die Suppe in Schalen geben, mit den Apfelwürfeln toppen und mit fein geschnittenen Frühlingszwiebeln ausgarnieren. Blutwurststücke auf Holzspieße stecken und jeweils einen über die Suppenschalen legen.

Buttermilch-Bohnen-Suppe

von Frank Petzchen (Seite 180)

Zutaten für 4 Personen

1 kg grüne Bohnen
600 g Kartoffeln
500 ml Buttermilch
500 ml Milch
1 EL Mehl
Salz, Pfeffer
Bohnenkraut zum Abschmecken

Die Bohnen waschen, putzen, klein schneiden und bissfest kochen. Kartoffeln schälen, kochen und stampfen. Buttermilch und Milch miteinander verrühren. Mehl unterrühren, damit die Buttermilch beim Kochen nicht gerinnt. Stampfkartoffelmasse in die Milchmischung einrühren. Mit Salz, Pfeffer und etwas fein gehacktem Bohnenkraut abschmecken. Alles bei gleichmäßigem Umrühren kurz aufkochen lassen und zum Schluss die gegarten Bohnen dazugeben.

Sauerkrautsuppe

mit Koriander & pochiertem Kabeljau

von Frodo Schäfer, Lehrer an Frank Petzchens Kochschule (Seite 180)

Zutaten für 4 Personen

1 l Fischfond
2 Bund Koriander
400 g Butter
Salz, Pfeffer

500 g mildgesäuertes Sauerkraut
200 g Schalotten
Olivenöl
100 ml Weißwein
1 TL gemahlener Koriander
Salz, Pfeffer

1 Kabeljaufilet (ca. 600 g)
300 ml Fischfond
Salz, Pfeffer

1 l Fischfond aufkochen. Den frischen Koriander waschen, hacken, in den Fischfond geben und bei niedriger Hitze 1 Stunde zugedeckt ziehen lassen. Den Fond durch ein Sieb gießen, erneut erwärmen und die kalte Butter zügig unter den Fond montieren*. Mit Salz und Pfeffer abschmecken.

Das Sauerkraut unter fließendem Wasser abspülen und anschließend ausdrücken. Die Schalotten in feine Streifen schneiden und in Olivenöl glasig anschwitzen. Das Sauerkraut grob schneiden und zu den Schalotten geben. Mit Weißwein ablöschen und mit Koriander würzen. Mit Salz und Pfeffer abschmecken und warm stellen.

Den Kabeljau in walnussgroße Stücke schneiden. Mit Salz und Pfeffer würzen. 300 ml Fischfond aufkochen, den Fisch zufügen, abgedeckt bei niedriger Hitze garziehen lassen und zum restlichen Fischfond hinzufügen.

Das Sauerkraut nach und nach mit einem großen Löffel in den Fond geben und vorsichtig einrühren.

(siehe auch Seite 160)

Urban Gardening
Schrebergärten in Niederkassel

Im alten Bierhause 1853

Meusers Speckpfannkuchen, das ist eine Legende in der Landeshauptstadt – wir kennen keinen Düsseldorfer, der hier nicht schon mal einen gegessen hätte. Und das Lokal, das alle nur Meusers nennen, das aber eigentlich „Im alten Bierhause" heißt, ist eine Institution. Im Sommer lockt der hübsche Biergarten unter Weinranken auf ein kühles Getränk und eine herzhafte Mahlzeit: Neben Speck- und süßen Pfannkuchen gibt es weitere traditionelle Speisen wie rosa gebratenes Roastbeef und Sahneheringsfilets, beides mit Bratkartoffeln; Schnitzel vom Schweinelummer und leckere riesige Bockwürstchen – mit hausgemachtem Kartoffelsalat, versteht sich; außerdem Tagesangebote nach Marktlage und Saisonales wie Spargel, Muscheln, Gans. Dazu schmeckt stets ein frisch gezapftes Schlüssel Alt, ein kühles Jever Pils oder ein feiner Wein. Auch die Desserts sowie die Kuchen und Torten, die am Nachmittag serviert werden, sind selbst gebacken.

Seit 1853 betreibt die Familie Meuser hier ihre Gastwirtschaft – das geduckte Häuschen hat aber schon fast 400 Jahre auf dem Buckel: 1641 wurde es erbaut. Den hübschen Biergarten hat die Familie erst in den Fünfzigerjahren des 20. Jahrhunderts eingerichtet. Zuvor nahmen die Gäste im urigen Inneren Platz und wärmten sich im Winter am Kachelofen. Junge Künstler, die in den Fünfzigerjahren an der benachbarten Kunstschule von Jo Strahn studierten und wenig Geld, aber großen Hunger hatten, tauschten hier ihre Bilder gegen eine warme Mahlzeit. Kunst gegen Speckpfannkuchen – und so hängen bis heute allerlei sehenswerte Werke an den Wänden. Bei Jo Strahn studierten übrigens auch die später so renommierten Galeristen Konrad Fischer und Alfred Schmela.

Im alten Bierhause 1853
www.meuser1853.de
Niederkassel, Alt-Niederkassel 75
Fon 55 12 72

Meusers Klassiker

Speckpfannkuchen

Alles Flehen ist vergeblich, Magdalene Meuser schüttelt beharrlich den Kopf: „Das Rezept von unserem Speckpfannkuchen, das kann ich Ihnen nicht verraten." In einem alten Kochbuch aus den Achtzigerjahren ist nachzulesen, dass bei Meusers Speckpfannkuchen Muskat den Unterschied ausmacht – aber davon wird er doch nicht so fluffig? Magdalene Meuser, die den Familienbetrieb gemeinsam mit ihrem Bruder Andreas in fünfter Generation führt, lächelt und schweigt. Man kann es ihr nicht verübeln. Wer würde schon ein Geheimnis verraten, das seit vielen Jahren zum legendären Ruf von Meusers beiträgt?

In die Küche des Hauses dürfen wir aber trotzdem und zuschauen, wie Speck und Teig in die Pfanne kommen und zum köstlichen Kuchen verschmelzen. Dazu gibt es eine saure Gurke und ein kühles Schlüssel Alt. Und wie geht das jetzt mit dem Teig? Wir schreiben hier mal auf, was besagtes altes Kochbuch dazu meint, und wünschen gutes Gelingen.

Zutaten für 4 Personen

300 g Mehl
500 ml Milch
4 Eier
1 Prise geriebene Muskatnuss
400 g durchwachsener Speck
Pfeffer, Öl zum Braten

Das Mehl mit der Milch in einer Schüssel glattrühren, die Eier unterschlagen und mit Pfeffer und Muskat abschmecken. Dann den Speck in dünne Scheiben schneiden und in einer Pfanne in Öl anbraten. Schließlich den Teig hinzugeben und die Pfannkuchen von beiden Seiten goldbraun backen.

Graupen statt Sushi-Reis
IM RESTAURANT SHABBY CHIC

Wer im Winter den Hinterhof in einer ruhigen Straße des Medienhafens betritt, würde hier zunächst kein Restaurant vermuten. Man muss schon wissen, dass sich das Shabby Chic gleich links in einem unspektakulären Flachbau befindet. Drinnen eröffnet sich gleich eine ganz andere Welt: Ein charmanter Salon, wie es ihn im 19. Jahrhundert gegeben haben mag, in Rot- und Holztönen gehalten, lädt mit vom Jugendstil inspirierten Kron- und Kerzenleuchtern, komfortabel gepolsterten Stühlen, knarzendem Holzboden sowie unzähligen, liebevoll zusammengestellten und originellen Accessoires zum Verweilen. Nichts ist neu, fast alles ist vom Trödel – Shabby Chic eben. Ganz frisch und auf der Höhe der Zeit dagegen kocht Küchenchef Richard Grothe, gebürtiger Rheinländer, der unter anderem auch in dem einst so renommierten Neusser Restaurant An de Poz am Herd stand.

Wo immer es geht, setzt er regionale Produkte ein und „das, was hier wächst": So stehen neben karamellisierten Jakobsmuscheln auf Beluga-Linsen und Riesengarnelen mit Hummersauce, neben Pasta mit Piemonteser Trüffel und Tatar vom Dry-aged-Filet auch Gerichte wie Himmel & Erde oder „rheinisches Sushi" auf der Karte. Für uns hat Richard Grothe es nicht wie im Restaurant mit Seeteufel, sondern mit Lachsfilet zubereitet und statt Wasabi kommt Meerrettich, statt Nori-Blatt Wirsing zum Einsatz.

Wenn Richard Grothe Risotto zubereitet, verwendet er lieber Perlgraupen als Arborio oder Carnaroli und mag der Gurkensalat zum halbrohen Teriyaki-Lachs auch asiatisch mariniert sein – die Gurken kommen vom Niederrhein. Dazu stellt Musti, einer der beiden Chefs des Hauses, mit viel Kompetenz und Geschmack eine Weinkarte zusammen, die in Restaurants dieser Preisklasse ihresgleichen sucht und selbst Kenner glücklich macht. Da bleibt man gern noch auf ein Gläschen mehr in diesem kuscheligen Restaurant-Kokon. Und im Sommer verwandelt sich der nüchterne Hinterhof in eine hübsche und sonnige Terrasse.

Restaurant Shabby Chic
www.shabby-chic-duesseldorf.de
Hafen, Wupperstr. 14
Fon 69 99 09 26

BEREIT?

Rheinisches Sushi
vom Lachs mit Schweinebauch & Altbiersauce

CHEF-TIPP

„Für das Graupen-Risotto empfehlen sich die besonders feinen Perlgraupen."

Zutaten für 4 Personen

500 g Schweinebauch
Sojasauce
1 Zwiebel
2 EL Butter, plus Butter für die Sauce
500 g Graupen
200 ml Weißwein
125 ml Gemüsebrühe
500 g Wildlachs mit Haut
8 große Wirsingblätter
Crème fraîche
frisch geriebener Meerrettich nach Geschmack
Altbier aus einer der Düsseldorfer Hausbrauereien

1 **Für den Schweinebauch** Backofen auf 80 Grad vorheizen. Das Fleisch in dicke Scheiben schneiden und scharf anbraten. Mit Sojasauce „lackieren" und im Ofen 1 Stunde 40 Minuten garziehen lassen.

2 **Für den Graupen-Risotto** die Zwiebel fein würfeln und in Butter glasig dünsten. Graupen hinzugeben, ebenfalls glasig dünsten und mit dem Weißwein ablöschen. Unter ständigem Rühren nach und nach die Gemüsebrühe hinzugeben, bis der Risotto cremig ist, die Körner aber noch Biss haben.

3 **Für das Sushi** den Wildlachs auf der Hautseite scharf anbraten. Die Hitze reduzieren und ganz nach gewünschtem Garpunkt – von innen noch roh bis ganz durch – in der Pfanne ziehen lassen.

4 Die Wirsingblätter in Salzwasser blanchieren, in Eiswasser abschrecken, gut abtropfen lassen, vom Strunk befreien und dicht an dicht auf Frischhaltefolie legen. Innenseite mit Crème fraîche und Meerrettich bestreichen. Darauf die Graupen verteilen, sodass sie eine 2 cm dicke Schicht bilden. Den in breite Streifen geschnittenen Lachs darauf platzieren, das Ganze mit Hilfe der Frischhaltefolie fest einrollen und anschließend ca. 20 Minuten in den Kühlschrank legen.

5 Den Schweinebauch aus dem Ofen nehmen und in Scheiben schneiden. Diese scharf anbraten und mit einem kräftigen Schuss Altbier ablöschen.

6 Das Fleisch aus der Pfanne nehmen und im warmen Ofen ruhen lassen. Altbieransatz in der Pfanne mit etwas Butter zur Sauce einreduzieren.

7 Zum Schluss die Wirsing-Graupen-Lachs-Rolle aus der Kühlung nehmen, aus der Folie wickeln und zu gleichmäßigen Sushi-Rolls aufschneiden. Mit den warm gestellten Schweinebauchscheiben und etwas Altbiersauce anrichten.

🍷 **UND WAS GIBT'S ZU TRINKEN?**

Silvaner oder Riesling, auch ein feinherber Riesling passt gut. Musti empfiehlt eine Silvaner-Spätlese vom fränkischen Winzer Max Müller oder eine Riesling-Spätlese vom Karthäuserhof an der Mosel.

Graupen

Sie kamen in Suppen und Eintöpfen früher vor allem auf den Tisch, wenn Schmalhans Küchenmeister war. Mittlerweile schütteln die Graupen ihr schlechtes Image aus Hungerzeiten ab. Man macht sie vor allem aus Gersten-, mitunter auch aus Weizenkorn, das im Ganzen oder grob zerhackt mit einer speziellen Mühle geschält und poliert wird. Je nach Größe unterscheidet man verschiedene Qualitäten. Am feinsten sind die kleinen runden Perlgraupen. Sehr bekömmlich und leicht verdaulich, haben Graupen einen hohen Gehalt an Eisen, Zink und Mangan und schmecken, entsprechend zubereitet, echt lecker: zum Beispiel als Risotto.

Gerstenfeld in
Düsseldorf-Knittkuhl

Regionales & Internationales
IM RESTAURANT STEMBERG

Das Restaurant Stemberg steht seit jeher für eine gehobene Regionalküche. „Daran wird sich auch jetzt nichts ändern", gab Sascha Stemberg, Vertreter der fünften Generation der renommierten Gastronomenfamilie zu Protokoll, als 2013 ein Michelin-Stern über Velbert aufging. Schon sein Vater Walter, der das Haus Stemberg von seinen Eltern 1975 übernahm, kochte „zwei Küchen von einem Herd" – und dieses Credo gilt bis heute. Auf der Karte steht das Regional-Menü mit Speisen wie Kuhlendahler Landei und Königsberger Klopsen gleichberechtigt neben dem Degustations-Menü mit Island-Kaisergranat und Presa vom Ibérico-Schwein. Klassiker wie die Kuhlendahler Perlgraupensuppe mit gebratenen Mettwurstscheiben, Ochsenbacke und eben gebratene Blutwurst schmecken den Gästen seit Jahrzehnten, und Sascha Stemberg, seit 2004 Küchenchef, kombiniert selbst einen filigranen bretonischen Rochenflügel mit Dicken Bohnen.

Doch nicht nur die Rezepte, auch die Zutaten kommen weitestgehend aus der Region, ja sogar aus der unmittelbaren Nachbarschaft. Die Blutwurst macht ein befreundeter Velberter Metzger nach Rezepten der Stembergs, Brot, Käse, Eier und Gemüse stammen von den Biohöfen im Windrather Tal, die sich nur wenige Kilometer vom Restaurant entfernt befinden, und sogar das Rapsöl ist aus dem Bergischen.

Walter und Sascha Stemberg sind beide ganz schön in der Welt herumgekommen: Walter bekochte in den frühen 1970er-Jahren den Jetset auf Sylt – Gunter Sachs war auch dabei – und stand in den berühmten Düsseldorfer Walliser Stuben am Herd, damals eines von zwei Zwei-Sterne-Restaurants in Deutschland. Sascha lernte die Sterneküche in Günter Scherrers Victorian und Peter Nöthels Hummer-Stübchen näher kennen, bevor er sich ins ferne Mauritius aufmachte. Doch wie der Vater kehrte auch der Sohn gern in die idyllische Bergische Heimat zurück, um mit ihren Frauen Petra und Coren das Restaurant der Familie weiterzuführen, das bereits 1864 von ihren Ahnen eröffnet wurde – damals als Hufschmiede mit angeschlossener Gastronomie für die passierenden Pferdefuhrwerke.

Restaurant Stemberg
www.restaurant-stemberg.de
Velbert-Neviges, Kuhlendahler Str. 295
Fon 02053. 56 49

🍷 **UND WAS GIBT'S ZU TRINKEN?**

Die Stembergs empfehlen ein kühles Pils oder „Stembergs Prisecco", einen prickelnden alkoholfreien Aperitif, der durch seinen Apfelgeschmack gut zum Gericht passt.

Gebratene Blutwurst

auf Salat von jungen Kartoffeln, Radieschen und Apfel mit Bauernbrot

CHEF-TIPP

„In Eiswasser mit einer Prise Salz bleiben die dünnen Radieschenscheiben schön knackig."

Zutaten für 4 Personen

Für den Salat:
300 g junge Kartoffeln
1 EL Champagner-Essig
1 TL Apfelsenf
2 EL Rapsöl
1 EL Kürbiskernöl
4 Radieschen
1 TL frischer Majoran
1 EL Schnittlauch
1 Apfel (Elstar)
1 Spritzer Zitronensaft
2 EL Calvados
Meersalz, Pfeffer

Für die Blutwurst:
8 Scheiben Blutwurst (je 2 cm dick)
Mehl
80 g geklärte Butter*
4 Scheiben Bauernbrot (Sauerteig)
Meersalz
nach Belieben etwas Kalbsjus

1 **Für den Salat** die Kartoffeln waschen und in der Schale kochen. Sie sollten Biss behalten. In der Zwischenzeit Champagner-Essig und Apfelsenf mit dem Raps- und Kürbiskernöl zu einer Vinaigrette verrühren. Die Radieschen in hauchdünne Scheiben schneiden und in Eiswasser mit einer Prise Salz aufbewahren. Vom Majoran die jungen Blatttriebe zupfen, Schnittlauch in feine Röllchen schneiden. Den Apfel waschen, vierteln, das Kerngehäuse entfernen, in dünne Spalten scheiden und mit einem guten Spritzer Zitronensaft und dem Calvados vermengen.

2 Die gekochten Kartoffeln gleich in Scheiben schneiden und mit der Vinaigrette anmachen. Apfelspalten dazugeben und dann Majoran, Schnittlauchröllchen und Radieschenscheiben vorsichtig unterheben. Mit Salz und Pfeffer abschmecken und ca. 15 Minuten ziehen lassen.

3 Die Blutwurstscheiben mehlieren und in geklärter Butter von beiden Seiten ca. 2 Minuten braten, bis sie schön kross sind. Das Bauernbrot ebenfalls in einer Pfanne in etwas Butter rösten und mit Meersalz bestreuen. Den Kartoffelsalat auf leicht erwärmten Tellern anrichten und die Blutwurst obenauf setzen. Das Bauernbrot separat reichen oder – entsprechend zugeschnitten – mit der Blutwurst auf dem Salat anrichten. Das Ganze nach Belieben mit etwas lauwarmem Kalbsjus beträufeln. „Das Gericht ist unkompliziert und schnell gemacht. Es wirkt vor allem durch gute Zutaten und eignet sich gleichermaßen als Vorspeise sowie in etwas üppigerer Ausführung als Hauptgang", betont Sascha Stemberg.

Ein ländliches

Hof Vorberg

biologisch-dynamischer Landbau   Bauernkäserei

BIOLOGIC

Nächster Schlachttermin:

! 18./19. September !

Rind & Schwein

63 277 Asterix

63 277

Paradies

… aber eines, in dem hart gearbeitet wird. Auf sechs Höfen – allesamt biozertifiziert – werden leckere und gesunde Lebensmittel produziert, die Leib und Seele guttun. Und auch den Tieren geht es dabei bestens, wie man sieht. Zum Beispiel auf dem Hof Vorberg in Velbert-Neviges, wo sich Angler Sattelschweine in Stroh und Mist fröhlich grunzend vergnügen, wo Hühner und stolze Hähne draußen herumlaufen und wo Kälbchen nicht von ihren Müttern getrennt werden, sondern tagsüber mit ihnen die Weide erkunden dürfen. Chef Ulfert Bewig-Glashoff (unten) betreibt den Hof seit 1987; mit seinem jungen Team kümmert er sich um die Tiere, die Felder, auf denen nach Demeter-Kriterien angebaut wird, den Gemüsegarten, den Hofgarten, das Sommercafé. Und Joghurt, Quark und köstlichen Käse in zahlreichen Geschmacksvarianten machen sie hier auch noch – so köstlich, dass das Restaurant Stemberg ihn neben den Sorten eines bundesweit renommierten Käse-Veredlers anbietet.

Bäcker Enrique Rosales (oben rechts), gebürtig aus Honduras, backt aus Dinkel, Roggen und Weizen der Hofgemeinschaft das passende Brot dazu – und natürlich noch viele andere Sorten. Sein Geheimnis: Statt des gemahlenen Korns verwendet er die Getreideflocken, also das, was man morgens ins Müsli tut. Dadurch werden die Brote wesentlich lockerer und leckerer. Das Dinkelbrot beispielsweise wird so nicht wie sonst so oft steinhart, sondern bleibt viele Tage lang saftig. Und das Früchtebrot, das auch das Restaurant Stemberg hier einkauft – mmmh, grandios! Enrique Rosales hat seine große Backstube auf dem Hof Fahrenscheidt, 250 Jahre alt und denkmalgeschützt. Ein Fachwerkhof wie aus dem Bilderbuch mit idyllisch-grüner, hügeliger Umgebung, der als Gästehaus für Gruppen dient, die hier nicht nur fröhlich feiern oder in aller Ruhe tagen, sondern auch die ökologische Landwirtschaft in all ihren Facetten kennenlernen können. Man kann das malerische Tal und seine Höfe aber auch auf Schusters Rappen erkunden; der Wanderweg von Hof zu Hof, der zwei bis zweieinhalb Stunden dauert, dürfte Groß und Klein Spaß machen – besonders, wenn es zwischendurch in einem der vier Hofcafés ein kühles Bio-Eis gibt.

Die Lebensmittel der Windrather Höfe sind in den Hofläden vor Ort, in weiteren Hofläden und regionalen Bio-Läden oder auch per Abo erhältlich; Fleisch gibt es auf Vorbestellung nach den jeweiligen Schlachtterminen.

www.biohoefe-windrathertal.de
www.hofvorberg.de
www.fahrenscheidt.de

Schöne Schafe in
Düsseldorf-Ludenberg

Stullen à la minute
IM KAFFEE UHLENBUSCH

Schnitte, Knifte, Bütterken – das Butterbrot hat auch im Rheinland viele Namen und schmeckt zu jeder Tages- und Nachtzeit. „Stullen und so" bietet Lena Hädelt in ihrem Kaffee Uhlenbusch an, das sie 2012 mitten in Düsseldorf eröffnete. Schon immer hat die damals 24-Jährige in der Gastronomie gejobbt, schon immer von einem eigenen Lokal geträumt, und als sich ihr die Möglichkeit in perfekter Lage bot, schmiss sie ihr Sozialwissenschaftsstudium und griff sofort zu. Jetzt ist ihr Uhlenbusch ein Mekka von Kaffee-, Kuchen- (natürlich hausgemacht!) und vor allem aber Butterbrot-Liebhabern, denn sie macht aus dem schlichten Bütterken eine kleine, feine Delikatesse, die nicht nur zum Frühstück serviert wird. Bestes, aus lang geführtem Teig hergestelltes Sauerteigbrot wird à la minute bestrichen und belegt: „Ein perfektes Mise en Place macht's möglich", erklärt Lena Hädelt. So kann nichts durchweichen und matschig werden. Zu den besonderen Aufstrichen und Belägen zählen beispielsweise gegrilltes Gemüse oder die hausgemachte, orientalisch gewürzte Kichererbsencreme sowie der jeweilige „Aufstrich der Woche": Das kann „Wasabi, Krabbe, Rettich" sein oder Lachs, der mal nicht in Scheiben aufs Brot kommt, wie in unserem Rezept.

Hausgemacht sind außerdem die wirklich fruchtigen und nicht zu süßen Fruchtaufstriche. All diese Leckereien wie auch die Tagessuppe, Salate und das Mittagsmenü (mit Hauptgängen wie Kalbsfrika mit Kartoffel-Möhren-Stampf) werden in der Küche gleich nebenan vorbereitet, in der Lena Hädelts Lebensgefährte Bastian Falkenroth der Chef ist – unter Gourmets kein Unbekannter: Er erlernte sein Handwerk im mit einem Michelin-Stern gekrönten Düsseldorfer Restaurant Berens am Kai und stand später in mehreren Drei-Sterne-Häusern am Herd. Und wenn um 18 Uhr, nach der Tea Time, das Kaffee Uhlenbusch schließt, öffnet abends ab 19 Uhr im gleichen Lokal „U. das Restaurant". Dann bereiten Bastian Falkenroth und sein Team sternverdächtige Küche zu.

Kaffee Uhlenbusch
U. das Restaurant
www.u-dasrestaurant.de
Stadtmitte, Klosterstr. 34
Fon 91 33 69 92

 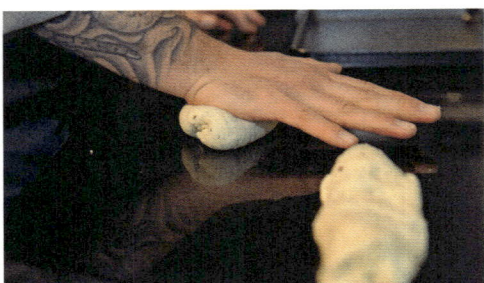 

Stullen mit Ente und Lachs

Zutaten für 4 Personen

Für die Aufstriche:

Enten-Confit à tartiner:
2 konfierte* Entenkeulen
1 Schalotte
2 EL Entenschmalz
1 kleines Bund Schnittlauch
1 Prise Salz

„Lachs einmal anders":
400 g Lachsfilet, vorzugsweise in Label-Rouge-Qualität
Räuchermehl
2 großzügige EL Frischkäse
2 TL Feigensenf
weißer Pfeffer
Kräutersalz (mit Rosmarin, Thymian, Majoran)

Dazu:
kräftiges Schwarzbrot, Baguette oder rheinisches Schwarzbrot

nach Belieben zarte Blattsalate, Radieschen oder Kirschtomaten zum Garnieren

1 **Für das Enten-Confit à tartiner** Die Entenkeulen von der Haut befreien, das mürbe Fleisch vom Knochen lösen und in kleine Stücke zerteilen. Die Schalotte fein hacken, in 2 EL Entenschmalz glasig anschwitzen und noch warm mit dem Geflügelfleisch vermengen. Schnittlauch in feine Röllchen schneiden und ebenfalls untermischen. Alles mit einer guten Prise Salz würzen.

2 **Für den Lachsaufstrich** das Fischfilet auf einen Dämpfeinsatz legen. Den Boden eines zum Einsatz passenden Topfes großzügig mit Räuchermehl bedecken. Den Topf kurz und stark erhitzen, bis sich Rauch entwickelt, dann vom Herd nehmen und den Lachs einige Minuten im Rauch ziehen lassen. Das Fischfilet anschließend bei 220 Grad 15 Minuten im Ofen garen. „Der Lachs darf innen gerne noch leicht glasig sein", erläutert Bastian Falkenroth. Den Fisch von der Haut lösen, mit der Gabel in kleine Stücke teilen und in einer Schüssel mit dem Frischkäse und dem Feigensenf vermischen. Mit einer Prise weißem Pfeffer und Kräutersalz abschmecken.

♀ UND WAS GIBT'S ZU TRINKEN?

Servicechef Constantin Adam empfiehlt einen besonderen Tropfen aus Frankreich: Vin Nu, Les Deux Terres aus der Ardèche, eine Cuvée aus Grenache blanc und Ugni blanc. Es handelt sich um einen Vin naturel, also einen reinen Naturwein. Bei seiner Produktion wird sowohl im Weinberg als auch im Keller auf Chemie und Zusatzstoffe verzichtet.

Wittlaers
glückliche
Hühner

Eggs around the clock

In Wittlaer leben glückliche Hühner – und glückliche Eieresser. Letztere haben die Möglichkeit, sich jeden Tag rund um die Uhr mit Eiern einzudecken, sei es nun, weil sie in aller Herrgottsfrühe frühstücken möchten oder weil sie nach Mitternacht noch Lust auf ein Omelett überfällt. Ein Eierautomat macht's möglich: einfach Geld einwerfen, und wahlweise sechs oder zehn Eier im Karton kommen heraus. Und die schmecken!

Ist ja auch kein Wunder: Die Hühner, die sie gelegt haben, sind den ganzen Tag draußen auf der Wiese und picken sich ihre Nahrung selbst. Junge und sich gerne raufende Ziegenböcke dienen als Habichtscheuchen – und sollte doch einmal Gefahr im Verzug sein, krähen die stolzen Hähne. Dann verdrücken sich die Hühner schnell in ihr Mobil, wo sie auch die Nacht verbringen. Darin können sie scharren oder sich auf der Stange zusammenkuscheln und ein Nickerchen machen. Ihre Eier legen sie in eigens dafür eingerichtete Nester.

Drei Hühnermobile gehören der Familie Sonnen, die seit 1955 auf dem Wittlaerer Kaiserhof lebt und in erster Linie Ackerwirtschaft betreibt. Der Automat steht direkt vor dem Hof. Natürlich kosten diese Eier ein bisschen mehr als die aus dem Supermarkt, aber sie schmecken auch viel besser. Und den Hühnern geht es gut! Irgendwann aber müssen auch sie in den Topf: Hühnerfleisch gibt es dann, wenn sie etwas älter als ein Jahr geworden sind. Die Familie Sonnen bietet außerdem Eiernudeln und selbst gebackenes Schwarzbrot an.

Familie Sonnen
Wittlaer, Bockumer Str. 326
Fon 40 20 86

Eierlikör à la Kaiserhof

Zutaten für 700 ml

80 g Eigelb (je nach Größe von 4 – 5 Eiern)
200 g Zucker
1 Päckchen Vanillezucker
1 Prise Salz
230 ml Kondensmilch (10 % Fettgehalt)
250 ml Korn (32 % vol)

In einem breiten Kochtopf etwas Wasser zum Kochen bringen, eine dazu passende Edelstahlschüssel auswählen. Eigelb, Zucker, Vanillezucker und Salz in die Schüssel geben, diese in den Kochtopf stellen und mit dem Handrührgerät in kochendem Wasser ca. 4 Minuten schaumig rühren. Kondensmilch und Korn zufügen und mit einem Schneebesen von Hand ca. 3 weitere Minuten rühren, bis die Masse leicht dicklich wird. Eierlikör in eine Flasche mit breitem Hals füllen und kalt stellen.

Eiersalat

von Sigrid Sonnen

Als „einfach, schnell und lecker" beschreibt Sigrid Sonnen ihren Eiersalat: Mit ihm ist das frische hausgemachte Abendessen selbst im Alltagsstress kein Thema mehr, und auch auf Party-Buffets macht er eine gute Figur – im doppelten Sinne, denn er kommt ohne Mayonnaise aus.

Zutaten für 4 Personen

4 Eier
1 kleine Zwiebel
1 EL Tomatenpaprika aus dem Glas
3 EL Remoulade
1 Msp. Senf
Salz, Pfeffer
Currypulver
Paprikapulver
frisch gehackte Kräuter (z. B. Petersilie und Schnittlauch)

Die Eier in 8 – 10 Minuten hart kochen. Die Zwiebel sehr fein würfeln. Die abgekühlten Eier pellen und mit dem Eierschneider fein würfeln (einmal längs und einmal quer auf den Eierschneider legen). Tomatenpaprika abtropfen lassen und ebenfalls würfeln. Remoulade, Senf und die Gewürze nach Belieben in eine Schüssel geben und verrühren, mit Eiern, Zwiebel, Tomatenpaprika und den Kräutern vermischen, abschmecken und anrichten.

Weißer Spargelsalat

mit Bohnenkernen & Orangen-Dill-Marinade
von Christian Willrich

Zutaten für 4 Personen

3 Orangen
2 kleine Schalotten
1 kleines Bund Dill
80 ml Buttermilch
3 EL Rapsöl
2 EL Weinessig
700 g feiner weißer Spargel
200 g dicke Bohnenkerne (können auch TK sein)
20 Blättchen Pimpernelle (gewaschen und entstielt)
ca. 20 g Sprossen (z. B. Affila-, Limonen- und Sakurakresse)
Salz, frisch gemahlener Pfeffer

Zwei der Orangen schälen und sorgfältig filetieren, sodass die weiße Haut vollständig entfernt ist. Die dritte Orange für die Vinaigrette auspressen.

Schalotten schälen und in sehr feine Würfel schneiden. Den Dill waschen, trocknen, entstielen und sehr fein schneiden. In einer kleinen Schüssel Buttermilch, Rapsöl, Orangensaft und Weinessig mit einem Pürierstab verquirlen. Die Schalotten hinzufügen. Mit Salz und Pfeffer abschmecken.

Den Spargel waschen, schälen und die Enden abschneiden – etwa 1 cm. 2 l Salzwasser in einem Topf zum Kochen bringen. Den Spargel in 5 cm lange Stücke schneiden und im köchelnden Wasser ca. 6–8 Minuten bissfest garen. Spargel aus dem Wasser nehmen, abtropfen lassen und noch warm unter die Vinaigrette heben. Alles kurz auf Handwärme abkühlen lassen und erst dann den Dill zufügen.

Die Bohnenkerne ca. 2 Minuten im kochenden Spargelwasser garen, abgießen und aus den dicken Häuten drücken. Mit dem Spargelsalat vermengen und ziehen lassen.

Den Salat nochmals abschmecken und eventuell mit Salz und Pfeffer nachwürzen. Auf vier Tellern mit den Orangenfilets anrichten und mit Sprossen und Pimpernellen ausdekorieren.

Der Gemüsepapst

Die Kombination der französischen Küche mit der neuen gesunden Art des Essens hat sich der gebürtige Elsässer Christian Willrich auf die Fahnen geschrieben. Er gilt aber auch als der „Gemüsepapst" unter den Köchen – dass kaum jemand so gut wie er mit dem gesunden Grünzeug umgehen kann, hat er im Laufe seiner Karriere mehrfach unter Beweis gestellt: Unter anderem hat er im „Kreativen Haus" in Worpswede die vegetarische und Vollwertküche etabliert und in seinem eigenen Düsseldorfer Restaurant „Greens" sternverdächtig mit Gemüse gekocht. Einige seiner raffinierten Kreationen stellt er in seinem Kochbuch „Gemüse für Feinschmecker" vor. Seit 1995 sorgt er als Küchendirektor bei Broich Catering & Locations dafür, dass auch die Gäste großer Veranstaltungen und kleiner Feste gleichzeitig gesund und köstlich genießen dürfen. Das renommierte Düsseldorfer Catering-Unternehmen verwöhnt die Gäste zahlreicher Großveranstaltungen mit bestem Essen und Trinken und berät und betreut Gastgeber in allen Belangen bei der Ausrichtung ihres großen Events oder ihrer kleinen Familienfeier.

Fisch

Hecht aus dem Rhein
IM RESTAURANT RATATOUILLE

Die Leidenschaft fürs Angeln hat Sam Keshvari aus seiner nordiranischen Heimat mitgebracht: „Ich komme aus dem Land der Forellen, Hechte und Lachse", erläutert er, „aus einer Gegend, in der die Iraner Urlaub machen." Schon als Kind lernte er nicht nur, Fische zu fangen, sondern sie auch schmackhaft zuzubereiten. Und so findet man ihn, wenn er mal nicht in seinem Restaurant Ratatouille am Herd steht, irgendwo am Rheinufer, mit der Angel in der Hand. Was er dann fängt, landet bei seinen Gästen auf dem Teller. Und die sind begeistert, wenn sie beispielsweise die Gelegenheit haben, Hechtklößchen zu genießen – denn wo sonst bekommt man eine solche Delikatesse heutzutage noch?

Noch im Iran hatte Sam Keshvari Ernährungswissenschaften studiert, als er sich während eines Verwandtenbesuchs im Rheinland hoffnungslos verliebte – und blieb. Das war 2001. Und weil das für einen Ernährungswissenschaftler naheliegt, erlernte er das Kochhandwerk im Büdericher Haus Meer, arbeitete später in zahlreichen Düsseldorfer Restaurants, unter anderem im renommierten La Donna Cannone im Hafen und später auch in der Sylter Sturmhaube. Und immer wieder zog

und zieht es ihn auch nach Frankreich, für dessen Küche sein Herz schlägt. 2007 sah er den Animationsfilm Ratatouille im Kino und beschloss: „Wenn ich jemals ein Restaurant eröffne, dann nenne ich es Ratatouille." Drei Jahre später war es soweit. Sam Keshvari machte aus einer ehemaligen griechischen Gyrosbude ein kleines Bilderbuch-Bistro, in dem so ziemlich alles an Frankreich erinnert. Die rot-weiß eingedeckten Tische auf dem Trottoir mit den stets frischen Blumen darauf könnten genau so auch in einer kleinen Pariser Gasse stehen. „Unsere Gäste kommen her, um einen kleinen Urlaub zu machen." Und sie genießen die Klassiker der französischen Küche, modern interpretiert und raffiniert zubereitet: Austern und Foie gras, Bouillabaisse und Pot au Feu, Loup de Mer und Steak Tatar, Crème brulée und Crêpes Suzettes. Oder eben auch mal Hechtklößchen. Voilà.

Restaurant Ratatouille
www.ratatouille-duesseldorf.de
Pempelfort, Nordstr. 30
Fon 17 93 36 77

Hechtklößchen in Weißweinsauce

CHEF-TIPP
„Die Masse für die Hechtklößchen lässt sich gut schon am Vortag zubereiten."

Zutaten für 4 Personen

Für die Hechtklößchen:

750 g **Hechtfilet ohne Haut**
2 **Schalotten**
1 **Zweig Estragon**
2 – 3 **Zweige Kerbel (alternativ kann auch Dill und/oder glatte Petersilie verwendet werden)**
2 **Eier**
50 g **Sahne**
300 ml **trockener Weißwein (vorzugsweise Sauvignon blanc)**
1 **Prise Cayennepfeffer**
2 – 3 **Fäden Safran**
2 **Eiswürfel, zerstoßen**
Salz, Pfeffer
250 ml **Fischfond**
1 **Stück Fenchelknolle**
1/2 EL **Fenchelsamen**
2 **Sternanis**
etwas frisch gemahlener Koriander

Für die Sauce:

Kirschtomaten nach Geschmack
1/2 **Bund Schnittlauch**
750 g **Sahne**
je 1 **Prise frisch gemahlener Koriander, Pfeffer, Fleur de Sel**

 UND WAS GIBT'S ZU TRINKEN?

Sauvignon Blanc! Sam Keshvari empfiehlt zu seinen Hechtklößchen den besten von der Loire: einen Pouilly Fumé.

1 **Für die Hechtklößchen** das Fischfilet grob zerteilen, die Schalotten fein würfeln und die Kräuter hacken. Alles zusammen mit den Eiern, der Sahne, mit 50 Milliliter des Weißweins, mit Cayennepfeffer, Safran und den Eiswürfeln in der Küchenmaschine zu einer glatten Masse verarbeiten. Mit Salz und Pfeffer abschmecken. „Für die weitere Zubereitung ist es sinnvoll, die Masse dann erst mal für eine gute 1/2 Stunde in die Kühlung zu geben," empfiehlt Sam Keshvari.

2 In der Zwischenzeit den restlichen Wein zusammen dem Fischfond in einem Topf erhitzen und mit dem Fenchel, dem Fenchelsamen, dem Sternanis und dem Koriander eine Weile kochen lassen. Dann von der gekühlten Hechtmasse mit dem Esslöffel gleichmäßig große Nocken abstechen und in den knapp am Siedepunkt köchelnden Fond geben. Wenn die Klößchen aufsteigen, sind sie gar – das dauert ca. 1/2 – 1 Minute.

3 **Für die Sauce** die Kirschtomaten in der Pfanne etwas anbraten oder im Ofen leicht grillen und beiseite stellen. Den Schnittlauch in feine Röllchen schneiden. Von dem Fond, in dem die Hechtklößchen garen, zwei Kellen in einer Pfanne mit ausreichend hohem Rand kurz aufkochen und die Sahne einrühren. Die Sauce mit frisch gemahlenem Koriander, Pfeffer und Salz abschmecken. Die Tomaten und den Schnittlauch dazugeben sowie nach Belieben auch das in feine Streifen geschnittene Stück Fenchel aus dem Fond. Alles kurz ziehen lassen. Dann die Sauce samt Tomaten und Fenchelstreifen in tiefe Teller geben und die Hechtklößchen darauf anrichten. Dazu passt Baguette, herzhaftes Landbrot oder kurze dicke Pasta wie Penne oder Fussili.

Ein neues Bettchen für den Rhein: Urdenbacher Kämpe

Im 14. Jahrhundert war der Rhein sein altes Bett leid und suchte sich ein neues. Glück für uns Düsseldorfer, denn so wechselte die Urdenbacher Kämpe von der Schäl Sick zu uns herüber. Und so dürfen wir auch rar gewordene Vogelarten wie unter vielen anderen Pirol, Schwarzkehlchen, Steinkauz und Gelbspötter zu den Düsseldorfer Einwohnern zählen. Libellen wie die kleine Mosaikjungfer sausen schillernd durch das üppige Grün und glänzende Tellerschnecken lieben ihr feuchtes Zuhause.

Mit ihrem Auwald, den langen Pappelreihen und knorrigen Kopfweiden, den dichten Hecken und ausgedehnten Feucht- sowie Streuobstwiesen ist die Urdenbacher Kämpe einer der ursprünglichsten Rheinuferbereiche in Düsseldorf und Umgebung. Sie ist außerdem das größte Naturschutzgebiet der Stadt und eine der letzten nicht eingedeichten Auenlandschaften am Niederrhein, die noch regelmäßig überflutet wird. Ihre Entstehung verdanken wir einem Extremhochwasser im Jahr 1374. Bis dahin lag das Areal nämlich noch auf der anderen Rheinseite. Mit dem Hochwasser änderte der Strom seinen Lauf und suchte sich ein neues Flussbett. In sein ehemaliges fließt heute als Bach der sogenannte Urdenbacher Altrhein. Und das darf er ungehindert – allerdings erst seit nicht allzu langer Zeit. Hatte man den Altrhein und den ihn speisenden Mühlenbach in den 1950er-Jahren mit Sommerdeichen reguliert, um die Heuernte auf den umliegenden Wiesen zu schützen, sorgten Renaturierungsmaßnahmen 2013 und 2014 dafür, dass sich das Wasser nun eigene Wege suchen darf. Und natürlich ist dieses außergewöhnliche Stück Natur für zahlreiche auch seltene Tiere, für Vögel, Fische, Insekten und Amphibien ein echtes Paradies. Man kann es auf verschiedenen eigens ausgewiesenen Wanderwegen zwischen 2,5 und 10 Kilometer Länge bestens erkunden. Auf den Obstwiesen wachsen zahlreiche verschiedene und zum Teil selten gewordene Apfel- und Birnensorten, auch solche, die es anderswo nicht mehr gibt (Seite 172).

Mehr Info und Wanderrouten:
www.auenblicke.de
www.biostation-d-me.de

Deich-Feeling
IM RESTAURANT ALTES FISCHERHAUS

Kann es ein schöneres Plätzchen geben als dieses? Wer an einem Sommertag auf der Traumterrasse des Alten Fischerhauses Platz nimmt, genießt zu exzellentem frischem Fisch und feinem Wein ein malerisches Rhein-Panorama: Das satte Grün der Ausläufer der Urdenbacher Kämpe, tuckernde Frachtschiffe und blökende Schäfchen liegen dem Gast zu Füßen. „Das ist echtes Deich-Feeling hier", findet Markus Schulte, Inhaber und Küchenchef des Alten Fischerhauses. Recht hat er.

Seit er 2003 das traditionsreiche, im 19. Jahrhundert im Jugendstil erbaute Haus mit dem markanten Turm übernahm, weht eine frische maritime Brise durch das Restaurant. „Ich bin ein großer Föhr-Fan. Und so wollte ich in meinem Restaurant ein Flair wie am Meer." Blau und Weiß sind die prägenden Farben der beiden Speiseräume, Schiffsmodelle und zahlreiche weitere an die See erinnernde Accessoires setzen dezente Akzente. Riesige Fenster ermöglichen auch im Inneren den Blick auf den Fluss und seine Landschaft – schön ist es hier selbst dann, wenn über der Kämpe Herbstnebel aufsteigen oder Schnee die Auen bedeckt.

Ins idyllische Urdenbach kam der gebürtige Sauerländer, damit seine Kinder im Grünen aufwachsen können; nach Düsseldorf schon in den frühen Achtzigerjahren. Er arbeitete in damals so

renommierten Restaurants wie dem Breuer's, dem Nachrichtentreff und dem Naschkörbchen; neun Jahre betrieb er die Bilker Freilichtbühne. In Urdenbach dann eroberten Markus Schulte und sein Team, dessen Mitglieder schon mehrere Jahre bei ihm arbeiten, die Herzen und Gaumen seiner Gäste im nordseeähnlichen Sturm: mit klassischen und kreativen Fischgerichten wie Cordon Bleu vom Lachs und Zanderfilet in Mandelbutter, wie Oktopus-Carpaccio und hausgebeizten Lachs auf Algensalat; mit traditionellen Fleischgerichten wie Sauerbraten, Tafelspitz, Steaks und natürlich Deichlamm. Die Schafe auf der Wiese vor der Terrasse sind übrigens seine eigenen, auch die Bienenstöcke gehören ihm. Und wenn an Sonn-und Feiertagen die Sonne lacht, bietet er vor der Tür des Alten Fischerhauses in seiner „Lütje Kök" (friesisch: kleine Küche), einer meerblauen Fischbude, Krabben- und Fischbrötchen, aber auch Curry- und Bratwurst an. Hier sollte der hungrige Freizeitsportler unbedingt verbrauchte Energie auftanken. Denn, wie ein gleich hier angebrachtes Schild es so treffend sagt: „Nächste Fischbude in 300 Kilometern."

Restaurant Altes Fischerhaus
www.altes-fischerhaus.de
Urdenbach, Am Alten Rhein 83
Fon 71 45 97

🍷 **UND WAS GIBT'S
ZU TRINKEN?**

Einen mineralischen Riesling:
Markus Schulte serviert zum
Zander den Rheiner Riesling vom
Rheingauer Gut Jakob Jung.

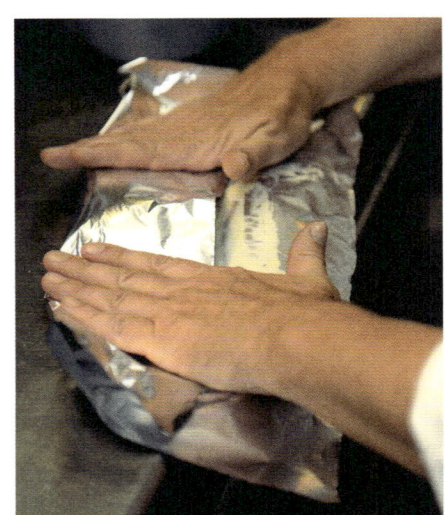

Bienenstich vom Zander

an ABB-Senf-Kartoffelstampf & flüssigem Kopfsalat

CHEF-TIPP

„Fisch für eine Farce 1 Stunde vor der Verarbeitung in den Kühlschrank stellen."

Zutaten für 4 Personen

Für den flüssigen Salat:
Kopfsalat (die festen, knackigen Blätter)
2 grüne Tomaten (alternativ ein großes Stück Salatgurke)
Kräuter nach Wahl
1 TL weißer Balsamico
1 TL Olivenöl oder anderes gutes Pflanzenöl
1/2 TL Kürbiskernöl
Zucker
Salz, Pfeffer
80 g Basic Textur*

Für den Bienenstich vom Zander:
2 EL Mirin (süßer japanischer Reiswein)
1 TL Rohrzucker
1 TL weiche Butter
80 g Mandelblättchen
800 g Zanderfilet, ohne Haut und gut gekühlt
100 g Lachsfilet, enthäutet gut gekühlt
2 Scheiben Toastbrot
1 Eiweiß
80 g Basic Textur* nach Belieben
100 g Sahne
Salz, Pfeffer

Für den Kartoffelstampf:
400 g mehlig kochende Kartoffeln
5 bis 6 Fäden Safran
1 TL Crème fraîche
Butter und ABB-Senf nach Belieben
Salz, Muskat

1 **Für den flüssigen Salat** die Strünke von den Blättern entfernen. Die Tomaten entkernen und würfeln oder alternativ die Gurke schälen, entkernen und würfeln. Kräuter hacken. Dann das Blattgrün, Tomate oder Gurke und Kräuter mit Essig und Öl im Mixer zu einer dickflüssigen Sauce verarbeiten. Mit Salz, Pfeffer und Zucker abschmecken. Die Basic Textur sorgt für eine schöne Konsistenz.

2 **Für den Bienenstich** den Mirin erwärmen, den Rohrzucker darin auflösen, die Zuckerlösung etwas abkühlen lassen und dann die Butter einrühren. Mit 1 Prise Salz und Pfeffer abschmecken. Die Mandelblättchen in einer Pfanne ohne Fett rösten. Vom Zanderfilet vier gleich große Stücke zu je 150 g schneiden.

3 Die restlichen 200 g Zanderfilet und den Lachs in Stücke schneiden. Das Toastbrot entrinden und würfeln. Alles mit Eiweiß, Sahne, Basic Textur sowie je 1 Prise Salz und Pfeffer in der Küchenmaschine oder im Mixer zu einer Farce verarbeiten. „Das verarbeitete Toastbrot sorgt später für eine Art Kucheneffekt, wie es sich eben für einen Bienenstich gehört", erklärt Markus Schulte. Die Farce lässt sich auch ohne die Basic Textur herstellen, bekommt aber mit dieser Zutat mehr Volumen.

4 Den Ofen auf 250 Grad vorheizen. Für jedes der vier Stücke „Bienenstich" ein ausreichend großes Stück Alufolie in der Mitte mit der Mirin-Zucker-Lösung bestreichen und mit einem Viertel der Mandelblättchen bestreuen. Ein Stück Fischfilet auf einer Seite gut fingerdick mit der Farce bestreichen und diese nach unten auf die Mandelblättchen legen. Dann auch auf der anderen Seite Farce verstreichen. Den Bienenstich fest in die Folie einschlagen und mit der „Mandelseite" 2 – 3 Minuten in eine heiße Pfanne legen. Diese anschließend für 8 – 10 Minuten in den Ofen geben.

5 **Für den Kartoffelstampf** die Kartoffeln schälen und vierteln. In Salzwasser unter Zugabe von Safran kochen, abgießen, kurz ausdämpfen lassen und durch die Kartoffelpresse drücken. Anschließend mit der Crème fraîche, der Butter und dem Senf vermengen und mit Salz und Muskat abschmecken. Dazu Buttersauce reichen.

Zurück im Rhein:
Lachs, Hecht & Zander

„Den Vertrag unterschreibe ich nur, wenn ich nicht öfter als zweimal die Woche Lachs essen muss!" So oder ähnlich sollen sich Hausangestellte geäußert haben, die im 19. Jahrhundert mit ihren künftigen Dienstherren Verträge aushandelten. Der Lachs galt als Arme-Leute-Essen, der allzu häufig auf den Tisch kam, und der Rhein galt bis Ende des 19. Jahrhunderts als der Lachsfluss Europas. Zu Hunderttausenden zog es die Wanderfische alljährlich zum Laichen den Strom hinauf und in dessen Zuflüsse wie etwa die Sieg. Für die damals noch zahlreichen Berufsfischer vom Mündungsgebiet in den Niederlanden bis zum Rheinfall bei Schaffhausen war der Lachs der für den Broterwerb wichtigste Fisch. Doch dann wurde er regelrecht vergrault. Der Flussverbau mit Staustufen und Deichen, die Zunahme des Schiffsverkehrs und die Wasserverschmutzung sorgten für eine rapide Abnahme der Bestände. Überfischung tat das Ihrige. In den 1950er-Jahren war der Lachs dann hierzulande so gut wie ausgestorben. Aber nun ist er, wie etwa 40 andere Fischarten, zurück im Rhein. Dass sich neben Lachs auch Moderlieschen und Maifisch, Wels und Rotauge wieder gerne in dessen Fluten, Auen und Nebenflüssen tummeln, liegt zum einen an der deutlich besseren Wasserqualität, zum anderen an einer Reihe von Wiederansiedlungsprojekten seit den 1980er-Jahren. Mittlerweile gibt es wieder abertausende Lachse im Rhein, und da diese zur Fortpflanzung mit wundersamer Präzision vom Meer immer in ihren Geburtsfluss zurückkehren, hofft man, dass sich bei uns die Wildlachspopulationen bis 2020 stabilisiert haben.

Heute zählt der Lachs wieder zu den beliebtesten Speisefischen – keine Düsseldorfer Speisekarte, auf der

er nicht auftaucht, wobei er auf vielerlei variantenreiche Weise zubereitet wird. Nicht ganz so häufig wird Zander angeboten – aber wenn, dann ist er bei den Gästen sehr gefragt. Hecht dagegen, einst der verbreitetste Raubfisch im Rhein, ist heutzutage eine echte Rarität: Der äußerst aggressive Fisch – er schnappt angeblich sofort nach allem, was ihm vor das Maul kommt, auch nach Artgenossen – lässt sich nur schwer züchten. Glücklich, wer einen Angler kennt, denn Vater Rhein gilt mit seinen mittlerweile sehr guten Hechtbeständen, mit seinen vielen Altarmen, Häfen und Buhnenfeldern für den Fang des Standfisches als wahres Hecht-Eldorado (Seite 46).

Wenn auch nicht direkt artverwandt, ähneln sich die beiden Raubfische Hecht und Zander mit ihren lang gestreckten Körpern. Der Zander ist dabei eigentlich gar kein klassischer Rheinbewohner. Er schwamm ursprünglich in ost- und nordeuropäischen Gewässern und wurde erst vor gut 100 Jahren bei uns eingebürgert. Doch offenkundig fühlt er sich heute hier ziemlich wohl.

Und auch, wenn die Redewendung „Es zieht wie Hechtsuppe!" nichts mit einer Speise zu tun haben soll – sie stammt aus dem Hebräischen, „hech supha" bedeutet „Sturmwind" – Hechtsuppe gab's tatsächlich, auch im Rheinland. Laut einem niederrheinischen Kochbuch aus dem Jahre 1777 hat man dafür das ausgelöste Fischfleisch mehliert und in Butter gedünstet, anschließend mit Weißbrot vermengt, mit Wasser und Wein aufgefüllt und mit Muskat gewürzt. Könnte man ja mal ausprobieren …

Der Lachs als Burger
IM RESTAURANT STAPPEN IN OBERKASSEL

Das Haus an der Luegallee 50 in Oberkassel hat schon viele Restaurants beherbergt, seit die Familie Wilke, die es einst erbaute, ihr darin befindliches Lokal irgendwann in den 1980er-Jahren aufgab. Seit September 2013 wird der hübsche und komplett neu gestaltete Gastraum nun von Carmen und Frajo Stappen bespielt, die seit vielen Jahren ein gehobenes Gasthaus in Korschenbroich-Liedberg betreiben. Weil sich dieses auch bei Düsseldorfern großer Beliebtheit erfreut, lag der Schritt in die Landeshauptstadt nahe.

Der Küchenchef der Düsseldorfer Dependance, David Büchner, erlernte sein Handwerk einst im Korschenbroicher Mutterhaus, bevor er zwölf Jahre lang an sterngekrönten Herden Erfahrungen sammelte, unter anderem in Berlin bei Tim Raue sowie im Sylter Hotel Stadt Hamburg. Zurück im schönen Rheinland widmet er sich seit der Eröffnung des Stappen in Oberkassel nun einer zeitgemäß interpretierten Landküche, wobei er, wenn irgend möglich, auf regionale Produkte zurückgreift. Saftiges Freilandschwein- und Rindfleisch beispielsweise kommt vorzugsweise vom Liedberger Metzger Udo Erkes (Seite 184) und dann in der Stappen-Küche auf den Grill. Kartoffeln von einem Liedberger Bauern werden zu knusprigen Pommes frites oder auch zu einem getrüffelten Kartoffel-Risotto mit Jakobsmuscheln und Kalbskopf verarbeitet. Und selbst der würzige Ziegenkäse, den David Büchner gratiniert und mit Trüffelhonig toppt, wird aus dem niederrheinischen Grefrath geliefert. Zur monatlich wechselnden, stets saisonal inspirierten Speisekarte gibt es auch jene, die „Bewährtes" listet. Da spielt neben Fleisch vom Grill oder Klassikern wie Düsseldorfer Senfrostbraten und Wiener Schnitzel außerdem Lachs in Label-Rouge-Qualität eine tragende Rolle. Der Flussfisch, der einst auch im nahen Rhein zu Hause war, wird entweder hausgebeizt oder als Tatar angebraten und mit Reibekuchen in einen köstlichen und leichten Burger verwandelt, der als appetitanregende Vorspeise oder sättigender Hauptgang serviert wird.

Restaurant Stappen in Oberkassel
www.stappen-oberkassel.de
Oberkassel, Luegallee 50
Fon 93 07 76 00

Stappens Lachs-Burger

CHEF-TIPP

„Das Lachstatar schmeckt auch roh und pur sehr gut. Einfach mit ein wenig Salat anrichten!"

Zutaten für 4 Personen

Für die Reibekuchen:
250 g mehlig kochende Kartoffeln
2 Eigelb
1 TL Speisestärke
je 1 Prise Salz, Pfeffer, Muskat
Pflanzenfett zum Braten

Für das Lachstatar:
250 g frischer Lachs
1 Schalotte oder rote Zwiebel
3 EL Olivenöl
1 – 2 EL frisch gepresster Zitronensaft
je 1 Prise Salz und Pfeffer

Für die Honig-Senf-Dill-Sauce (250 ml):
125 g mittelscharfer Senf
125 g Honig
1 TL gehackter Dill

1 **Für die Reibekuchen** geschälte Kartoffeln reiben und in ein Sieb geben, damit die Flüssigkeit abtropft. Eigelb, Salz, Pfeffer, Muskat und Speisestärke mit der Kartoffelmasse vermischen. Insgesamt acht Reibekuchen formen und in Pflanzenfett goldbraun braten.

2 **Für das Lachstatar** das Fischfilet in feine Würfel schneiden, die Schalotte oder rote Zwiebel fein würfeln und untermengen. Alles mit Olivenöl, Zitronensaft, Salz und Pfeffer abschmecken. Kleine „Frikadellen" formen und nach Belieben kurz auf einer oder beiden Seiten anbraten.

3 **Für die Honig-Senf-Dill-Sauce** alle Zutaten verrühren. Die Lachs-„Frikadelle" auf einem Reibekuchen platzieren, mit der Sauce beträufeln und einen zweiten Reibekuchen obenauf legen.

UND WAS GIBT'S ZU TRINKEN?

Service-Chefin Elisa Ritter empfiehlt eine feinfruchtige Cuvée aus Weißburgunder und Chardonnay vom rheinhessischen Gut Becker-Landgraf.

Longdrink-Lachs
IM RESTAURANT REINHARDT'S AUF GUT MOSCHENHOF

Ein Jahr hat Michael Reinhardt gebraucht, um sich für den Schritt vom luxuriösen Breidenbacher Hof an der Kö hinaus aufs Land zu entscheiden – und er bereut ihn nicht: „Ich bin jetzt viel freier im Kopf. Und wir können hier aus dem Vollen schöpfen: Wir haben Mirabellen, Kirschen, Sauerampfer, Himbeeren, Holunder …" Regionales und Saisonales spielen ein tragende Rolle in seiner Küche, egal, ob er nun bodenständig-traditionelle oder trendig-innovative Gerichte zubereitet. In seinem Restaurant auf Gut Moschenhof gibt's lauter Lieblingsgerichte wie Currywurst („die scharfe vom Chef"), Tatar, Burger und Steaks von bestem US-Rindfleisch sowie natürlich ein echtes Wiener Schnitzel, das die Gäste besonders lieben, mit herzhaftem Kartoffel-Gurken-Salat. Serviert werden aber auch Speisen, die er „feinbürgerlich" nennt: doppelte Rinderkraftbrühe, feine provenzalische Fischsuppe mit Safran, Büsumer Krabbencocktail, sanft gegartes Ochsenbäckchen und Eismeer-Kabeljau auf Champagnerkraut. Und Raffiniertes und Gourmettaugliches wie Kalbsleber mit geschmorten Aprikosen, hausgemachte Gänseleberterrine mit Pfirsich-Chutney und eben den Gin-Tonic-Lachs, bei dem natürlich der Düsseldorfer Gin zum Einsatz kommt.

Lang ist die Liste der renommierten Restaurants, an deren Herd Michael Reinhardt stand. Das Düsseldorfer Ein-Stern-Restaurant

Victorian, in dem damals noch Legende Günter Scherrer Küchenchef war, ist auch dabei; außerdem beste Adressen in Wassenberg, Bad Bevensen sowie in St. Peter-Ording. Dort kochte er sich unter die Top Ten der Schleswig-Holsteiner Köche – und das im Wettbewerb mit den hochklassigen Mitbewerbern von der nahen Insel Sylt. In den Nullerjahren kam er zur Capella-Hotelgruppe und brachte deren Küchenmannschaften in aller Welt die Qualitätsstandards der hohen Häuser nahe, in den USA, in Irland, Singapur und der Schweiz. Und bevor er sich auf dem Ludenberger Gut Moschenhof selbstständig machte, brachte er die Brasserie 1806 im Kö-Flaggschiff-Hotel Breidenbacher Hof ganz nach oben. Auf dem Land und umgeben von Natur, Land- und Pferdewirtschaft kocht er nun für alle, die gern genüsslich schmausen – für die Familie beim Sonntagsausflug ebenso wie für Feinschmecker mit Lust auf Besonderes.

Restaurant Reinhardt's auf Gut Moschenhof
www.reinhardts-restaurant.de
Ludenberg, Am Gartenkamp 20
Fon 30 33 77 47

Gin-Tonic-Lachs
mit Wasabi-Mayonnaise

CHEF-TIPP

„Mit Wasabi-Pulver kann man Mayonnaise und anderen Dips einen meerrettichwürzigen Geschmackskick geben. Die Schärfe des japanischen Meerrettichs lässt sich mit Pulver besser dosieren als mit Wasabi-Paste."

Zutaten für 4 Personen

Für den Lachs:
10 – 15 g Ingwerwurzel
1 unbehandelte Zitrone
6 – 8 EL Gin (vorzugsweise Schmittmanns Gin 1818)
60 g brauner Zucker
40 g Meersalz-Flocken
1 Lachsfilet (Bio-Qualität) ohne Haut (800 g)
Wakame-Algen zum Anrichten
(aus dem japanischen Feinkostgeschäft)
schwarze und weiße Sesamsaat
nach Belieben eingelegter Ingwer
(aus dem japanischen Feinkostgeschäft)

Für die Wasabi-Mayonnaise:
2 Eigelb
1 TL Senf
250 ml gutes Pflanzenöl
Salz, Pfeffer
Wasabi-Pulver

🍷 UND WAS GIBT'S ZU TRINKEN?

Michael Reinhardt empfiehlt einen Rosé. Sehr gut passt zum Beispiel der „Schmetterlinge im Bauch", ein herrlich fruchtiger Tropfen vom Weingut Kiefer am Kaiserstuhl in Baden.

1 **Für den Lachs** Ingwerwurzel schälen und fein reiben. Die Zitronenschale abreiben und den Saft auspressen. Ingwer, Zitronensaft und -schale mit Gin, Zucker und Salzflocken vermengen. Das Lachsfilet mit der Beize einstreichen, fest in Frischhaltefolie wickeln und 24 Stunden ziehen lassen. Wer ein entsprechendes Gerät besitzt, kann den Lachs auch vakuumieren. Dann muss er nur 12 Stunden durchziehen. „Der Gin mit seinem schönen Wacholderaroma harmoniert ganz wunderbar mit dem Lachs", betont Michael Reinhardt (Seite 179).

2 **Für die Wasabi-Mayonnaise** Eigelb mit dem Senf verquirlen. Dann das Pflanzenöl in dünnem Strahl nach und nach einrühren. Zunächst mit Salz und Pfeffer abschmecken. Schließlich je nach Geschmack und gewünschter Schärfe das Wasabi-Pulver unterrühren.

3 Den gebeizten Lachs aus der Folie oder dem Vakuumpack nehmen. Die Beize mit dem Messer vorsichtig herunterstreichen und das Filet in große Stücke schneiden. Sesamaat kurz in einer Pfanne ohne Fett rösten und leicht auskühlen lassen. Auf jedem Teller die Wakame-Algen etwa in der Größe der Lachsstücke anrichten. Jeweils 1 Lachsstück darauf platzieren, mit gerösteter Sesamsaat bestreuen. Mayonnaise in kleinen Tupfen um den Lachs geben.
Nach Belieben etwas mit eingelegtem Ingwer dekorieren.

Muscheln
italienisch

Miesmuscheln mit Spaghetti & Tomatensauce
wie sie im Reusch 1851 serviert werden

Rheinische Muscheln kann jeder: Zwiebel und Suppengrün bilden stets die Basis dieses Klassikers, eine ordentliche Prise Pfeffer sorgt für kräftige Würze. Mit einem Schüsschen Weißwein schmecken sie vielen noch besser. Franzosen fügen neben einem guten Tropfen noch Sahne und Kräuter hinzu – delicieux! Im Reusch 1851 gibt's Miesmuscheln in weiteren vielfältigen Varianten: Da werden Muscheln auch gebraten und von hausgemachter Remouladensauce begleitet. Oder sie werden, bereits aus der Schale gelöst, überbacken und in der Pfanne aufgetischt. Wir finden die italienische Variante sehr lecker: Da werden die frischen Mollusken in einer prickelnd-pfeffrigen Tomatensauce mit Spaghetti serviert. Gustosissimo!

Zutaten für 4 Personen

1 1/2 – 2 Kilo küchenfertige Miesmuscheln
1 große Gemüsezwiebel
600 g Spaghetti
1 mittelgroße Zwiebel
Knoblauch nach Geschmack
1 kleine Dose Tomaten (400 g)
trockener Weißwein (vorzugsweise Riesling)
einige Blätter Basilikum
Salz, Pfeffer

Die küchenfertigen Muscheln durchsehen und bereits geöffnete sowie beschädigte Exemplare aussortieren. In einem ausreichend großen Topf einen Bodensatz Wasser zum Kochen bringen. Gemüsezwiebel schälen, in grobe Streifen schneiden und zusammen mit den Muscheln in den Topf geben. Nicht zu knapp mit Pfeffer würzen. Parallel die Spaghetti in Salzwasser kochen. Die Muscheln brauchen ca. 8 – 10 Minuten Garzeit, die Nudeln je nach gewünschtem Biss etwas länger.

Den Knoblauch schälen, fein hacken und in Olivenöl anschwitzen. Dosentomaten dazugeben und, falls sie noch im Ganzen sind, mit dem Löffel zerdrücken. Etwas vom Muschelkochwasser hinzufügen und alles leicht köcheln lassen. Mit Salz und Pfeffer abschmecken.

Die Muscheln abgießen, leicht auskühlen lassen und die Schalen entfernen, geschlossene Exemplare aussortieren. Pasta ebenfalls abgießen. Einen guten Schuss Weißwein in die Tomatensauce einrühren, die Muscheln hineingeben und alles kurz ziehen lassen. Pasta in einer vorgewärmten Schüssel gut mit Sauce und Muscheln vermengen und mit zerzupften Basilikumblättern bestreuen.

Von wegen „mies"

„Mies" bedeutete im Mittelhochdeutschen „Moos" – die Miesmuschel heißt also eigentlich Moosmuschel, und sie wurde so benannt, weil sie auf ihrer Oberfläche braune Fäden aufweist, die sie wie bemoost aussehen lassen. Diese Fäden sorgen dafür, dass die Muscheln im Meer nicht abdriften – ohne Moos sind sie los! In unseren Gefilden wird die Miesmuschel gerne auch „rheinische Auster" genannt, und so mancher zieht sie den echten Austern vor.

Reusch 1851

Bei den älteren Düsseldorfern heißt es immer noch „Muschelhaus Reusch", und nach wie vor gilt das Lokal als eine der ersten Adressen, wenn es um Miesmuschelgenuss geht. Dabei bietet das Reusch 1851, wie es heute heißt, natürlich noch viel mehr: beste bürgerliche und regionale Küche nämlich. Rheinisches wie Heringsstipp und Senfrostbraten, Brauhaustypisches wie Speckpfannkuchen und Bauernsülze, Saisonales wie Spargel, Matjes, Pfifferlinge, Gans. Oder einfach nur Blutwurst oder Mainzer mit Röggelchen zum Schumacher Alt. Auf der Tageskarte könnten aber auch solche Leckereien wie Ochsenbrust, Kalbsleber und -nierchen (in Senfsauce) und leckere Semmelknödel stehen, und die Reusch-Bratkartoffeln sind mindestens so heiß begehrt wie seine Muschelgerichte. Salate, Pasta und Steaks gibt's außerdem.

Das Muschelhaus Reusch befand sich fast 150 Jahre am Burgplatz in der Altstadt, schräg gegenüber vom Schlossturm. Der Kölner Conrad Reusch, Sohn eines Brauereibesitzers, eröffnete dort 1851 ein Brauhaus. Dessen Sohn wiederum servierte seinen Gästen schon wenige Jahre später

fangfrische niederländische Seemuscheln und machte das Lokal zu einer Düsseldorfer Muschel-Institution. Rolf Philippsen, der heutige Inhaber, betreibt das Reusch 1851, das 1997 in den Hafen umzog, in fünfter Generation – unterstützt von seinem Sohn Jan. Der kredenzt seinen Gästen übrigens auch ein gutes Kölsch – seine Ahnen wird's erfreuen.

Reusch 1851
www.reusch-online.de
Hafen, Erftstr. 20
Fon 39 10 33

Der Rhein bei Wittlaer

Kirchenkunst vom Feinsten

Wittlaers Pfarrkirche St. Remigius, ein spätromanischer Bau aus dem 12. und 13. Jahrhundert, thront auf einer kleinen Anhöhe über den Auen des Schwarzbachs, der wenige Schritte entfernt in den Rhein mündet. Eine Stippvisite lohnt sich: Die kleine Kirche beherbergt kostbare Arbeiten berühmter Vertreter sakraler Kirchenkunst. Die Kirchenfenster stammen unter anderem von Jan Thorn-Prikker, einem niederländischen Künstler, der zu Beginn des 20. Jahrhunderts die Glasmalerei revolutionierte, und von Ewald Mataré. Unübersehbar ebenfalls von Mataré: Die Kreuzigungsgruppe, die im östlichen Flügel zu sehen ist.

Matjes mit Rheinblick
IM RESTAURANT BRAND'S JUPP

Rund um die kleine spätromanische Wittlaerer Kirche St. Remigius fühlt sich der Spaziergänger um mindestens 100 Jahre zurückversetzt. Auch Max Clarenbach ist hier, auf seinem Weg zu den gleich um die Ecke gelegenen saftig grünen Rheinwiesen, die ihm immer wieder als Motiv dienten, schon vorbeiflaniert. Er soll im 1874 erbauten Gasthaus gleich hinter der Kirche, das heute Brand's Jupp heißt, des Öfteren eingekehrt sein.

Heute kommt ganz Düsseldorf gerne hierher, genießt an warmen Sommertagen auf der Terrasse im Schatten von Platanen und im lauschigen Gärtchen ein kühles Bier, eine prickelnde Schorle und dazu einen Flammkuchen – oder frisch gebackenen Kuchen vom Blech und einen kräftigen Kaffee. Ein herrliches Plätzchen. Zander- und Schweinefilet, Bauernsülze und Senfrostbraten schmecken hier draußen ebenso gut wie im Inneren des Restaurants, in Wittlaers guter Stube. Die beiden jungen Gastgeber, die das Brand's Jupp 2011 übernahmen, haben das Traditionsgasthaus mit frischen Ideen noch attraktiver gemacht und der Speisekarte neuen Pfiff verliehen. Die gebürtige Niederländerin Carla Veenstra war

4 Jahre lang Sommelière im mit zwei Sternen gekrönten Restaurant Im Schiffchen, das sich im nur einen Steinwurf entfernten Kaiserswerth befindet. Ihr Lebensgefährte Tobias Havenstein hat dort seine Ausbildung gemacht – und so lernten sie sich kennen. Ihr verdanken die Gäste eine kleine, aber sehr feine Weinauswahl – ihm eine ebenso feine bürgerliche Küche. Der 1987 geborene Küchenchef verwöhnt seine Gäste im kalten Winter auch mal mit Raffinierterem wie Jakobsmuscheln auf karamellisiertem Chicoree oder Reh mit Wirsing à la Crème; sogar Steinbutt steht dann auf der Karte. Natürlich spielt auch Saisonales eine große Rolle: Gans im Brand's Jupp gehört für den Wittlaerer zur Martinszeit wie die Bundesliga zum Samstag. „Im Sommer aber ist Flammkuchen unser Renner", erzählt Carla Veenstra. Und Max Clarenbachs Geist schwebt nach wie vor über allem: Ihm ist eine der Stuben des gastlichen Hauses gewidmet.

Brand's Jupp
www.brandsjupp.de
Wittlaer, Kalkstr. 49
Fon 40 40 40

RESTAURANT
BRAND'S JUPP
WITTLAER

Geöffnet
12:00-23:00 Uhr

Dienstag Ruhetag

Matjestatar

mit Rote-Bete-Carpaccio & Meerrettichschaum

CHEF-TIPP

„Sehr gut durchgekühlt sind die Matjes fester und lassen sich besser schneiden."

Zutaten für 4 Personen

Für das Tatar:
30 g Schalotten
250 g Äpfel (vorzugsweise Golden Delicious)
4 Matjesfilets

Für die Mayonnaise:
1 Ei
150 ml Pflanzenöl
1 TL mittelscharfer Senf
1 Schuss frisch gepresster Zitronensaft
je 1 Prise Salz, Pfeffer

Für das Carpaccio:
200 g Rote Bete (frisch oder vakuumverpackt)
1 Prise Meersalz
Kümmel

Für den Meerrettichschaum:
100 g frischer Meerrettich
200 ml Gemüsebrühe aus dem Glas
250 g Sahne

1 **Für das Tatar** die Schalotten sowie die Äpfel schälen und beides sehr fein würfeln. „Ich verwende am liebsten Golden Delicious", erklärt Küchenchef Tobias Havenstein. Die Matjesfilets erst direkt vor der Verarbeitung aus dem Kühlschrank nehmen und ebenfalls in kleine Würfel schneiden. Schalotten-, Apfel- und Matjeswürfel in einer Schlüssel gut vermischen.

2 **Für die Mayonnaise** Ei, Pflanzenöl, Senf, Zitronensaft, eine Prise Salz und Pfeffer in einen Mix- oder Messbecher geben. Den Stabmixer auf den Boden des Bechers setzen, anschalten und ca. 5 Sekunden stehen lassen. Sobald sich die Zutaten verbunden haben, den Stab langsam nach oben ziehen. Man kann die Mayonnaise natürlich auch mit dem Schneebesen aufschlagen. Dabei muss das Öl nach und nach in einem dünnen Strahl zu den übrigen Zutaten fließen. Die fertige Mayonnaise unter die Zwiebel-Apfel-Matjes-Mischung rühren.

3 **Für das Carpaccio** die Rote Bete in ausreichend Wasser mit 1 guten Prise Meersalz und etwas Kümmel kochen. Die Rote Bete ist gar, wenn sie beim Einstechen mit dem Messer sofort von der Klinge rutscht – ähnlich wie bei Kartoffeln. Anschließend auskühlen lassen und schälen. Diese Arbeiten lassen sich gut im Voraus erledigen. Alternativ kann man auch bereits vorgekochte und vakuumverpackte Rote Bete verwenden. Die gegarten Rote-Bete-Knollen vor dem Anrichten in dünne Scheiben hobeln oder aufschneiden.

4 **Für den Meerrettichschaum** die frische Meerrettichwurzel schälen und fein raspeln. Mit Gemüsebrühe pürieren und dann durch ein Sieb in eine Schüssel streichen. Sahne schlagen und unter das Meerrettichmus heben.

5 Tatar mithilfe eines Speiseringes in der Tellermitte in Form bringen. Die Rote-Bete-Scheiben um das Tatar herum anrichten und das Tatar mit dem Meerrettichschaum toppen. „Zum Servieren sollte das Tatar Zimmertemperatur haben", empfiehlt Tobias Havenstein.

UND WAS GIBT'S ZU TRINKEN?

Carla Veenstra empfiehlt zum Matjestatar ein kühles Weizenbier. Und für danach: Genever!

Matjes nach Hausfrauenart

von Eric Fehling

Zutaten für 4 Personen

8 Matjesfilets
2 milde Zwiebeln
1 säuerlicher Apfel
1 Gewürzgurke (plus ein wenig Sud)
200 g Sahne
150 g saure Sahne
50 g Mayonnaise
schwarzer Pfeffer
1 Bund Dill (kann, muss aber nicht)

Milde Matjesfilets ohne Schwanz, so wie sie sind, in mundgerechte Stücke schneiden.

Die Zwiebeln schälen und in Ringe schneiden. Apfel waschen oder schälen, vierteln und das Kerngehäuse entfernen. Apfelschnitze nochmal längs halbieren und dann quer in Scheibchen schneiden. Die Gewürzgurke in kleine Würfel schneiden.

Sahne, saure Sahne und Mayonnaise (sowie nach Geschmack etwas Gurkensud) glatt rühren. Mit den vorbereiteten Zutaten vermengen und alles mit Pfeffer würzen. Am besten einige Stunden oder über Nacht im Kühlschrank durchziehen lassen.

Vor dem Servieren Dill fein schneiden und über die angemachten Matjes streuen. Dazu passen Pellkartoffeln oder Speckkartoffeln.

DER HOLLÄNDISCHE MATJES IST DA!

Matjes & mehr

Jeder Düsseldorfer, der ab und zu auf dem Carlsplatz einkauft, kennt sein Gesicht. Und nein, es ist nicht Bernhard Pahlke, auch wenn das Unternehmen immer noch so heißt, sondern Eric Fehling, der es 2009 von der Familie Pahlke übernommen hat. An ihm kommt man einfach nicht vorbei, wenn man wissen will, wann es wieder Zander gibt oder welcher Lachs sich am besten fürs Sashimi eignet oder auch mal einen ganzen Fisch statt immer nur Filets kaufen will – mit Vorbestellung kein Problem. Eric Fehling und sein Team wissen wahrscheinlich alles über Süß- und Salzwasserfische, Krustentiere, Meeresfrüchte & Co. Fischsuppe, Backfisch und der berühmte Pahlke-Heringsstipp sowie weitere Fischdelikatessen lassen sich gleich am zweiten Pahlke-Stand schräg gegenüber genießen; ein schönes Gläschen Weißwein gibt es auch dazu. Hier ist immer was los – besonders, wenn im Mai oder Juni die Matjessaison startet. Dann heißt es: Kopf in'n Nacken, Matjes am Schwänzchen gepackt und genussvoll von oben in den Mund geschoben. Andere essen ihn mit Schwarzbrot, Salz- oder Bratkartoffeln – schmecken tut er immer, denn hier ist er besonders butterzart und mild.

Lieber Herr Fehling, wie machen Sie das bloß?

„Unser Matjes ist nicht gefroren, wir holen ihn immer selbst bei unserem Lieferanten in Holland, dann ist er noch ganz frisch."

Jetzt mal ganz langsam: Wie geht das mit dem Matjes denn ganz genau?

„Matjes werden mit ganz jungen Heringen gemacht, die noch keine Geschlechtsorgane ausgebildet haben. Per Kehlschnitt, den die Niederländer erfunden haben, Schlund und Magen entfernt. Die Bauchspeicheldrüse allerdings bleibt im Fisch und setzt den Fermentationsprozess in Gang, der den Matjes so butterzart, ja cremig macht. Der Fisch reift in Salzlake, die gleichzeitig der Konservierung dient. Weil heute aber nicht nur zur Fangsaison von Ende Mai bis Anfang August, sondern das ganze Jahr hindurch Matjes gegessen wird, wird er meist auch tiefgekühlt, verliert allerdings dadurch an Qualität."

Und was wir auch noch gelernt haben: Die Bezeichnung „Matjes" kommt von dem holländischen Wort „Meisjes" – Mädchen. Und der Matjes ist mit „jungfräulichem", also mädchenhaftem Hering gemacht.

Der Himmel auf Erden
IM RESTAURANT U.LAND

Ein chinesischer Koch, der traditionelle, ehrliche deutsche Gerichte liebt und sie in einem Restaurant servieren lässt, das so gar nicht urgermanisch, sondern zeitgemäß urban daherkommt – so etwas gibt es wohl nur in Düsseldorf. Ein Speiseraum in einem gepflegten Altbau, beinahe ein Saal: ein bisschen Vintage, ein bisschen Industrial Style und viele fantasievolle Details prägen das luftige Ambiente des Restaurant U.Land, das durch gekonnt gesetztes Licht warm und einladend wirkt.

Wer hier Platz nimmt, wähnt sich wahrlich nicht in einem Restaurant, in dem lockere Frikadellen mit bürgerlichem Gemüse, ein butterzarter Tafelspitz mit würziger Meerrettichsauce, ein saftiges Kotelett mit Blumenkohl und Düsseldorfer Senfrostbraten sowie zur Weihnachtszeit knusprige Gans aufgetischt werden – mit Rotkohl, der in aller Ruhe zwei Tage lang in Marinade baden durfte. Nur die zarten Wan-Tan-Täschchen in der kräftigen Ochsenschwanz-Consommé erinnern daran, dass der Inhaber dieses Restaurants in Shanghai geboren wurde. Zhenkun Wang kochte als Küchenchef mehrere renommierte Düsseldorfer Restaurants ganz

nach vorne, kennt sich aus in zahlreicher Länder Küchen und liebt doch vor allem die deutsche – so sehr, dass er sogar die Bratwurst, die hier serviert wird, selber macht. Nur glückliche Duroc-Schweine von einem Züchter aus dem nahen Willich kommen in der U.Land-Küche zum Einsatz und das schmeckt man auch. Zum Beispiel bei der Blutwurst, aus der hier ein Himmel und Ähd gezaubert wird, wie man es so noch nicht gesehen und geschmeckt hat. Ein mit traditionellen Zutaten, aber leicht und locker zubereitetes Gericht – so zeitgemäß wie das Ambiente des Restaurants. Auch für anspruchsvolle Gourmets ein Augen- und Gaumenschmaus.

Restaurant U.Land
www.uland-restaurant.de
Düsseltal, Uhlandstr. 38
Fon 68 87 35 68

* püriert ...
... nnencremsuppe mit Mettwurst 5,5
* Feldsalat mit Gänseleber.   9,5
* Portion Gans mit Maronen, Rotkohl,
   Bratapfel und Kartoffelknödel   25,0
* gegrilltes Kotelett vom Duroc Schwein
   mit Blumenkohl und Bratkartoffeln 16.5
* Grünkohl mit gegrilltem Schweinebauch
   und Mettwurst   12,5
Hirschragout mit Spätzle und Feldsalat 16.5
* Lachsfilet auf Babyspinat mit
   gebratenen Pilzen   17,5
* Apfelstrudel mit Vanilleeis   6,0
* warmer Schokokuchen mit Himbeersorbet 6,5

Himmel & Ähd
mit Reibekuchen & Apfel-Chutney

CHEF-TIPP

„Die Blutwurst kann knusprig braun oder nur leicht erwärmt sein – ganz nach Geschmack."

Zutaten für 4 Personen

Für das Apfel-Chutney:
4 Äpfel, möglichst mehlig
1 EL Zucker
400 ml Apfel- oder Orangensaft
2 Chilischoten

Für die Reibekuchen:
4 mittelgroße, mehlig kochende Kartoffeln
Salz, Muskat
Raps- oder Sonnenblumenöl

8 fingerdicke Scheiben Blutwurst
Mehl
Raps- oder Sonnenblumenöl
Salat- oder Mangoldblättchen zum Dekorieren

Für das Sößchen:
dunkler Kalbsfond

🍷 UND WAS GIBT'S ZU TRINKEN?

Craft Beer*! Noah Wang, Sohn des Küchenchefs, ist zwar erst 20 Jahre alt, hat aber bereits selbst Bier gebraut und kennt sich damit bestens aus.

Wer lieber ein Gläschen Wein zu Himmel und Ähd genießen möchte, dem empfiehlt Sommelière Olga Stroh einen Riesling mit leichter Säure.

---

1 **Für das Apfel-Chutney** Äpfel schälen und in winzig kleine Würfelchen schneiden. Zucker im Topf bei niedriger Hitze karamellisieren lassen. „Das geht einfacher, wenn man etwas Wasser dazugibt, dann brennt es nicht so schnell an", erklärt Zhenkun Wang. Apfel- oder Orangensaft hinzugeben und einkochen lassen, bis Saft und Zucker eine homogene Masse ergeben. Die fein gewürfelten Äpfel hinzugeben und bei niedriger Hitze weich, aber nicht ganz weich kochen. Erst ganz zum Schluss die ganz fein geschnittenen Chilischoten dazugeben – sonst werden sie bitter, doch sie sollen nur für ein sanftes Prickeln auf der Zunge sorgen. Und fertig ist das Chutney. Schmeckt auch pur saulecker!

2 **Für die Reibekuchen** die Kartoffeln schälen, ganz fein reiben und ausdrücken – „aber nicht ganz: Ein bisschen Feuchtigkeit tut dem Reibekuchen gut", erläutert Zhenkun Wang. Die Kartoffelmasse mit Salz und Muskat würzen. Soviel Masse ins heiße Raps- oder Sonnenblumenöl geben, dass die Plätzchen so groß werden wie die Blutwurstscheiben. So sollten 12 kleine Reibekuchen entstehen. Etwa 3 Minuten pro Seite ausbacken und anschließend auf Küchenpapier „trockenlegen".

3 **Die Blutwurst** in ein wenig Mehl wälzen und in Raps- oder Sonnenblumenöl bis zum gewünschten Gargrad braten. Sie kann knusprig braun oder nur leicht erwärmt sein – ganz nach Geschmack.

4 Jetzt die Reibekuchen und die Blutwurst zu Türmchen stapeln, etwas Chutney darauf- und drumherum geben und mit Salat- oder Mangoldblättchen dekorieren.

5 **Für ein leckeres Sößchen** lässt man einfach dunklen Kalbsfond einkochen. Im U.Land machen sie die Saucen natürlich mit stundenlang reduziertem Jus – das ist vielleicht ein wenig aufwendig am heimischen Herd. Das Gericht schmeckt aber auch ohne Sauce – schließlich gibt es ja das köstliche Chutney.

Schwein gehabt!

Auch mit Schweinezucht kann man Flagge zeigen – das hat die dänische Minderheit in Norddeutschland schon zu Beginn des 20. Jahrhunderts bewiesen. Mit dem sogenannten Rotbunten Husumer, einer Variante des Angler Sattelschweins in weiß-roter Färbung, züchtete sie sich ein Schwein, das zu ihrer Flagge passt.

Flagge gezeigt haben aber auch einige wenige Züchter, die sich um den Erhalt der alten Schweinerassen verdient gemacht haben, um Angler Sattelschweine, aber auch um Schwäbisch-Hällische und Bunte Bentheimer. Und das kam so: Lange Zeit schätzte man auch in Deutschland gut durchwachsenes Schweinefleisch mit ordentlicher Schwarte. Quer durch das ganze Land grunzten und suhlten sich die verschiedensten regionalen Rassen, züchtete man eine bunte Vielfalt an Borstenvieh. So etwa das Schwäbisch-Hällische Schwein, für das auf höchst königliches Geheiß von Wilhelm I. von Württemberg im 19. Jahrhundert das chinesische Maskenschwein importiert und mit heimischen Landschweinen gekreuzt wurde. Im Freien gehalten, dienten die Tiere oftmals auch der Landschaftspflege, denn sie fraßen unerwünschtes Grün und pflügten den Boden kräftig um. Mit zunehmendem Wohlstand in den Fünfzigerjahren des 20. Jahrhunderts stieg die Nachfrage nach Fleisch – und das sollte nun vor allem mager sein. Duroc, Wollschwein & Co. hatten gegen die auf schnelles Wachstum getrimmten Hochleistungsrassen mit geringem Fettanteil schnell das Nachsehen. Manche alte Rasse galt schon als ausgestorben, hätten sich nicht einige wenige Züchter im In- und Ausland um ihren Erhalt gekümmert. Im Falle des Bunten Bentheimer Landschweins war es nur noch ein Einzelner, der in den Neunzigerjahren hartnäckig und erfolgreich für den Fortbestand sorgte. Inzwischen wissen Gastronomen und Genießer das leicht marmorierte, saftige und schmackhafte Fleisch der alten Rassen wieder sehr zu schätzen. Schwein gehabt!

Panhas

... im Rheinischen auch Pannas, ist eine urdeutsche Kochwurstsorte, der je nach Region und Fleischervorliebe unterschiedliche Zutaten beigemengt werden. Basis ist aber stets fein gemahlenes vorgepökeltes Schweinefleisch, das mit Blut vermengt, nach Geschmack des Metzgers gewürzt (zum Beispiel mit Pfeffer, Piment, Nelken) und mit Buchweizenmehl so lange im Kessel gerührt wird, bis eine feste Konsistenz entstanden ist. Die Masse wird in Pastetenformen gefüllt und nach dem Auskühlen in Scheiben geschnitten.

Viele Metzger fügen außerdem Speck hinzu. Nicht so Günter Kliche, Hausmetzger in der Brasserie Hülsmann (Seite 136), der mit Robert Hülsmann zusammen unter anderem auch das hauseigene Panhas-Rezept erarbeitet hat. Die beiden mengen noch Pinienkerne bei: Panhas gesünder – und viel leckerer! Die Scheiben werden in Mehl, dann in Ei und wieder in Mehl gewälzt und gebraten. Traditionell wird Panhas mit Kartoffelpü und Kraut gegessen – in der Brasserie Hülsmann serviert man ihn auch mit Pü, und dazu mit Schmorzwiebeln und Apfelmus. Himmel und Ähd mit Panhas also. Die Brasserie ist übrigens das einzige Restaurant, auf dessen Karte wir noch Panhas entdecken konnten. „Das ist wie mit dem Saumagen. Die Leute denken immer, da sei etwas Ekelhaftes drin. Schade, sie verpassen viel!", findet Günter Kliche. Saumagen gibt's nämlich auch in der Brasserie Hülsmann – hausgemacht und saulecker.

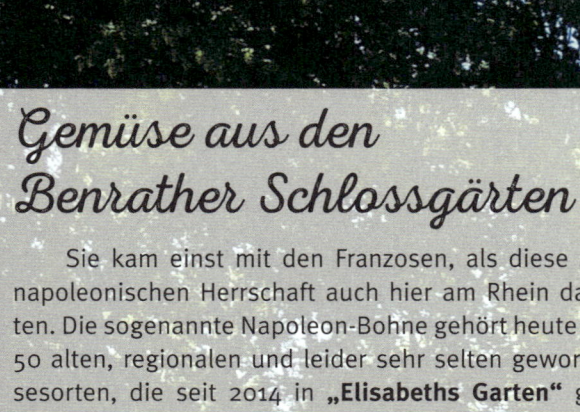

Gemüse aus den Benrather Schlossgärten

Sie kam einst mit den Franzosen, als diese zu Zeiten der napoleonischen Herrschaft auch hier am Rhein das Sagen hatten. Die sogenannte Napoleon-Bohne gehört heute zu jenen rund 50 alten, regionalen und leider sehr selten gewordenen Gemüsesorten, die seit 2014 in „**Elisabeths Garten**" gepflanzt und gepflegt werden. Im Innenhof des Westflügels von Schloss Benrath ranken und grünen in zahlreichen Hochbeeten je rund ein Dutzend Bohnen-, Kohl-, Möhrensorten. Rund um Rheinprinzessin, Lerchenzunge und Rote Riesen wächst außerdem weiteres appetitliches Grün wie diverse Kräuter und essbare Blumen. Da gibt es für Kinder wie für große Gartenfreude einiges zu entdecken – und das bei den offenen Gartenstunden auch durch aktive Mitarbeit. In Kooperation mit der Rheinischen Gartenarche und VEN, dem Verein zur Erhaltung der Nutzpflanzenvielfalt, zeigt Elisabeths Garten den ursprünglichen Sortenreichtum heimischer Gemüse und dass es lohnt, diesen in unseren Gärten zu erhalten. Im **Küchengarten** im östlichen Teil des Schlossparks gedeihen in barocker Pracht und zwischen bunten Blumen allerlei Gemüse, Blumen und Obst. Und von dem, was hier durch die Werkstatt für angepasste Arbeit biologisch angebaut wird, steht fast täglich am Stand mit Selbstbedienungskasse einiges zum Verkauf. Ein großer Augenschmaus ist dieser Garten ohnehin.

www.schloss-benrath.de
www.elisabethsgarten.de
www.rheinischegartenarche.de
www.nutzpflanzenvielfalt.de

Japanische Hausmannskost
IM BISTRO KOMBU

"Die Rezepte sind fast alle von meiner Mama, ich habe sie nur ein ganz kleines bisschen verändert", erläutert Ryuchiro Kuwana und lächelt verschmitzt. In seinem winzigen Bistro Kombu bereitet er in der komplett offenen Küche japanische Hausmannskost zu, wie etwa den marinierten Ingwer-Schweinebauch, für den er uns das Rezept gab, aber auch Gyoza, japanische gefüllte Teigtaschen, frittiertes knuspriges Hähnchen und im Winter „Frikadellen Tokyo Style". Natürlich gibt's außerdem Sushi, sogar vegetarisches. Und wer sich mit japanischer Küche schwertut, dem sei gesagt: Man darf hier auch mit Messer und Gabel genießen. Oder Currywurst essen, mit Pommes und hausgemachter Sauce.

Ryuchiro Kuwana blickt auf eine wilde Vita zurück: Gerade mal 20 Jahre alt war er, als er 2002 nach Deutschland kam. Aufgewachsen in der Nähe von Tokio, wo er den Beruf des Dachdeckers erlernte und schon öfter in gastronomischen Betrieben ausgeholfen hatte, wollte er einfach neue Erfahrungen sammeln. Und da seine große Schwester Sawako Groiss-Kuwana, die ihm heute in seinem Bistro zur Seite steht und das bei den Gästen sehr beliebte Garnelen-Popcorn erfunden hat, schon einige Jahre in Deutschland lebte, kam auch er hierher. In Köln und Düsseldorf erlernte

EFLEISCH IN INGWERMARINADE AUF KOMBU REIS-SALAT

GE HÄHNCHEN "KARAAGE" DAZU REIS, SALAT U. POMMES

HÄHNCHEN & GEMÜSE) TEIGTASCHEN AUF KOMBU REIS-SALAT

VEGGIE) TEIGTASCHEN AUF KOMBU REIS-SALAT

T ❀ ❀ ❀ ❀ ❀ ❀

ERTELLER IN ROTWEIN GESCHMORTES RINDER HÜFTSTEAK
(AUF HEIßER EISENPLATTE) DAZU REIS MIT SAISON GEMÜSE SALAT U. POMMES

er die hohe Kunst der Sushi-Zubereitung, dann ging er für zwei Jahre ins Düsseldorfer Zwei-Sterne-Restaurant Im Schiffchen zu Jean-Claude Bourgueil. „Als ich dort anfing, sprach ich kein Wort Deutsch. Das war hart", erinnert er sich. Danach verschlug es ihn nach Meck-Pomm ins mit einem Stern gekrönte Restaurant des noblen Gasthauses Stolpe, wo er mit André Münch am Herd stand. Und dann entdeckte er die leer stehende Grillstube in der idyllischen Benrather Sophienstraße – und schlug zu. „Drei Monate haben wir hier alles eigenhändig renoviert", erzählt Sawako Groiss-Kuwana. Die blickfangenden liebevoll zusammengestellten Dekorationen basieren auf ihren Ideen; auch die hübschen Zeichnungen an der Kreidetafel stammen von ihr (sowie natürlich auch die, die auf der nächsten Seite zu sehen sind). Im April 2013 eröffnete das Kombu, und der junge Koch und seine Schwester sind begeisterte Benrather geworden: „Das ist wie in einem kleinen Dorf hier, man kennt sich, und wir haben viele nette Gäste."

Bistro Kombu
Benrath, Sophienstr. 2
Fon 69 54 49 93

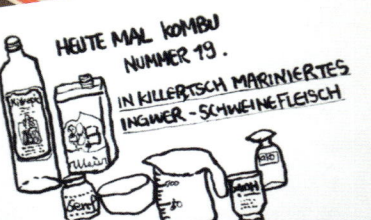

HEUTE MAL KOMBU
NUMMER 19.
IN KILLEPITSCH MARINIERTES
INGWER - SCHWEINEFLEISCH

今日は KOMBU No.19でどうでしょう
豚の生姜焼き。アクセントは、"キルピッチ"で。

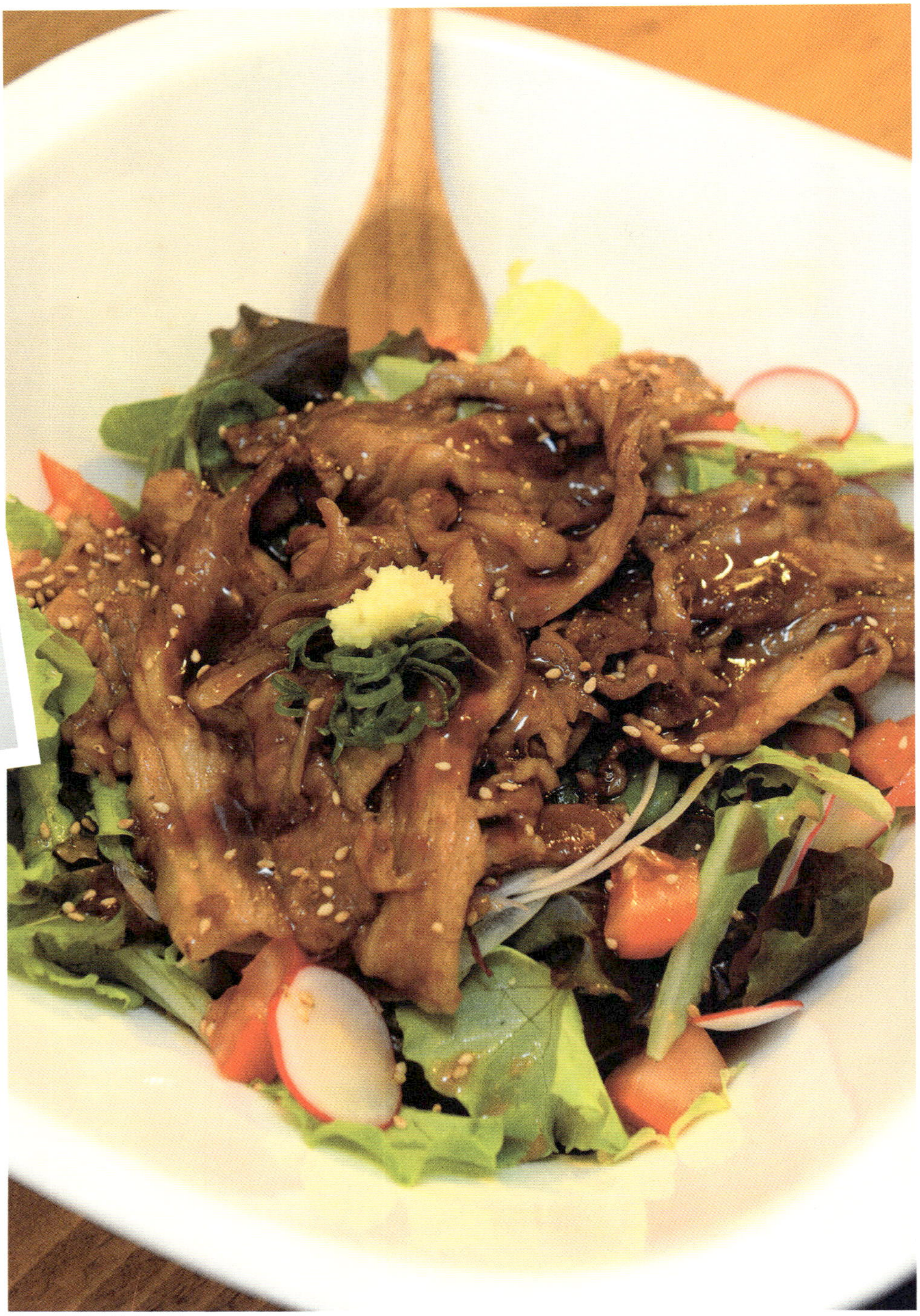

Ingwer-Schweinebauch
in Killepitsch mariniert

CHEF-TIPP

„Angefroren lässt sich Fleisch wie hier der Schweinebauch oder auch Filet für Carpaccio besser zu dünnen Scheiben aufschneiden."

Zutaten für 4 Personen

Für den Schweinebauch:

rund 600 g Schweinebauch am Stück (ohne Knochen)
80 g gehackte Zwiebel
50 ml Killepitsch
50 ml Rotwein
1 mittelgroßes Stück Ingwer
Teriyaki-Sauce (Rezept Seite 140)
Blattsalate nach Belieben
Soja-Sesam-Dressing (Rezept Seite 140)
gerösteter Sesam
Frühlingslauch zum Dekorieren
250 g Rundkornreis
Pflanzenöl zum Braten

1 Für den Schweinebauch den Großteil der fetten Schwarte wegschneiden. Das Fleisch für gut 1 1/2 Stunden in den Gefrierschrank geben. Wenn es angefroren ist, in 2 – 3 mm dünne Scheiben schneiden. Diese gut verteilt in eine große Schüssel legen. Die Zwiebel schälen, halbieren, möglichst dünn aufschneiden oder hobeln und über das Fleisch streuen. Killepitsch mit Rotwein vermischen, gleichmäßig über Zwiebeln und Fleisch gießen und beides zugedeckt für gut 1 1/2 Stunden im Kühlschrank marinieren.

2 Den Ingwer schälen und reiben. 30 g davon mit gut 70 ml der selbst gemachten Teriyaki-Sauce vermengen. In einer großen Pfanne etwas Pflanzenöl erhitzen und die Schweinebauchscheiben samt Zwiebel und Marinade bei hoher Temperatur darin gut durchschwenken. Die Teriyaki-Ingwer-Mischung unterrühren. Alles anschließend in eine Schüssel geben und 1 1/2 Stunden ziehen lassen. Der Schweinebauch lässt sich bestens im Voraus zubereiten. Im Kühlschrank kann man ihn bis zu 3 Tagen aufheben.

3 Den Rundkornreis nach Packungsangabe zubereiten.

4 Gemischte Blattsalate mit dem Soja-Sesam-Dressing anmachen. Den Reis in 4 tiefe Teller oder kleine Schüsseln geben. „Ich bereite das Gericht mit Reis zu, Kartoffeln, Nudeln, Bulgur oder Couscous schmecken aber auch gut dazu", erklärt Ryuchiro Kuwana. Auf dem Reis die gemischten Blattsalate anrichten. Das durchgezogene Fleisch portionsweise in der Pfanne scharf anbraten und bei mittlerer Temperatur ca. 2 Minuten weitergaren. Nach Geschmack mit dem übrigen Ingwer und Teriyaki-Sauce würzen. Zum Schluss die Temperatur noch einmal erhöhen, damit Fleisch und Zwiebeln schön bräunen. Schweinebauchscheiben auf dem Salat anrichten und mit Sesamkörnern und fein geschnittenem Frühlingslauch dekorieren.

UND WAS GIBT'S ZU TRINKEN?

Ryuichiro Kuwana empfiehlt ein kühles Bier, zum Beispiel ein Alt.

Origami, Ikebana, Kalligraphie, Taiko und Teezeremonie: Wer die japanische Kultur und Lebensart näher kennenlernen möchte, ohne gleich an den Pazifik zu reisen, kann in Düsseldorf schon mal damit anfangen. Schließlich ist hier die größte japanische Gemeinde Deutschlands beheimatet, in deren Zentren auch deutsche Gäste herzlich willkommen sind. Im Eko-Haus beispielsweise, dem einzigen von Japanern errichteten buddhistischen Tempel in Europa, kann man an Teezeremonien teilnehmen. Und wenn einmal im Jahr im Sommer der Japan-Tag stattfindet, der stets mit einem furiosen Feuerwerk endet, lassen sich erste Einblicke in die typisch-japanische Papierfalt-, Blumen-, Schrift-, Trommel- und Tanzkunst gewinnen. Der 1964 gegründete japanische Club Düsseldorf e.V. bietet Kendo und Karate, Go und japanischen Tanz, Taiko-Trommeln für Kinder und gemeinsames Singen in verschiedenen Chören an, um die deutsch-japanische Freundschaft in der Stadt zu fördern – sogar die Kunst, einen traditionellen Kimono zu tragen, lässt sich erlernen.

Aber Liebe geht bekanntlich durch den Magen, und wie sollte man die Kultur eines Landes besser kennenlernen als durch seine Küche? Im Innenstadtviertel rund um Immermann- und Klosterstraße, von den Düsseldorfern liebevoll Klein-Tokio

Nippons Lebensart

genannt, kann man in ungezählten Restaurants den kulinarischen Genüssen Nippons frönen, Nudelsuppen schlürfen, Sushi und Sashimi stäbeln oder sich japanisch zubereitetes Grillfleisch schmecken lassen. Asiatische Lebensmittel, zum Beispiel für die Zubereitung japanischer Hausmannskost (Seite 88), lassen sich hier erwerben – und wer sich in dem Gewimmel aus für uns so exotischen, meist in japanischer Sprache beschrifteten Produkten nicht auskennt: Die freundlichen Mitarbeiter helfen immer gern weiter. In anderen Shops findet sich allerlei Kitsch, wie Japaner ihn lieben, aber auch Wohnaccessoires in landestypisch reduzierter Ästhetik. Und zum Feiern geht's ab in die Karaoke-Bar.

Dass heute rund 6500 Japaner in Düsseldorf leben, verdanken wir der Tatsache, dass sich das Ruhrgebiet gleich um die Ecke befindet. Als sich die japanische Wirtschaft in den 1950er-Jahren nach einem geeigneten europäischen Standort umsah, gaben die dort produzierten Rohstoffe und Maschinen den Ausschlag. Heute haben hier mehr als 500 japanische Unternehmen eine Niederlassung (Stand März 2015).

www.eko-haus.de
www.jc-duesseldorf.de

Süß-Sauer-Spiel mit Butterkeks

IM RESTAURANT TAFELSPITZ 1876

Das einzige Sternerestaurant, in dem ich jemals gearbeitet habe, ist mein eigenes", erzählt Daniel Dal-Ben schmunzelnd. „Und als ich hier anfing, wollte ich eigentlich nur ein Bistro machen mit leckeren Gerichten." „Hier", das ist sein Restaurant Tafelspitz 1876, dessen Räume jahrzehntelang eine kleine kuschelige Konditorei beherbergten, in der sich die Düsseltaler nach dem Spaziergang durch den Zoopark Kaffee, Kuchen und heiße Schokolade genehmigten. 2002 machte Daniel Dal-Ben ein immer noch kleines, aber feines und zeitgemäß eingerichtetes Restaurant mit hübsch begrünter Terrasse daraus. Sieben Jahre später bekam er seinen Michelin-Stern.

Niemand erstaunte das mehr als ihn selbst: „Ich koche doch einfach nur so, wie ich bin." Anders als seine Kollegen ist er nicht durch die Weltgeschichte gereist, um Erfahrungen in international renommierten Restaurants zu sammeln – was hier auf die liebevoll eingedeckten Tische kommt, hat er in seiner winzigen Küche meist ganz allein ausgeheckt. Abgesehen von einem kurzen Intermezzo bei Käfer in Wiesbaden hat der überzeugte Lokalpatriot und leidenschaftliche Fortuna-Fan immer in Düsseldorf am Herd gestanden. Seine Ausbildung

begann er im Brauerei-Ausschank Frankenheim an der Wielandstraße, setzte sie in der Rolandsburg an der Rennbahn Grafenberg fort und kochte dann in zahlreichen weiteren Restaurants der Landeshauptstadt. Und auch, als er schon ein Sternekoch war, hat er sich seine Bodenständigkeit bewahrt: Gerichte mit Altbier, Kaninchen und Schweinefleisch sind ebenso Teil seiner Kochkunst, die der Guide Michelin als „kreative Küche auf klassischer Basis" beschreibt, wie solche mit Trüffel, Wagyu und Pata Negra. Sein Lieblingsgericht sind nach wie vor Königsberger Klopse. Was aber in jedem Fall in seine Küche gehört, ist ein Fernseher: Schließlich darf er kein Fortuna-Spiel verpassen. Den Pinsel nimmt er übrigens nicht nur in die Hand, wenn er Teller dekoriert – auch einige der Bilder an den Wänden seines Restaurants stammen von ihm.

Restaurant Tafelspitz 1876
www.tafelspitz1876.de
Düsseltal, Grunerstr. 42 a
Fon 1 71 73 61

Suerbrode
vom japanischem Wagyu-Rind aus Kagoshima

CHEF-TIPP

„Statt des Butterkeks-schwamms kann man auch Klöße oder Kartoffelpüree servieren."

Zutaten für 4 Personen

Für die Marinade:
1 l roter Portwein
100 g brauner Rohrzucker
2 TL Fleur de Sel
2 süße weiße Zwiebeln, geschält und geviertelt
1 Zweig Thymian
1 kleiner Zweig Rosmarin
100 ml alter Balsamico
1 kleine Karotte, gewürfelt
100 g Knollensellerie, gewürfelt

Für den Braten:
1 kg Tafelspitz vom Wagyu-Rind*
(alternativ Tafelspitz)

Für das Zwiebel-Dörrpflaumen-Püree:
250 g rote Zwiebeln in dünnen Scheiben
50 g Dörrpflaumen, entsteint
4 weiße Pfefferkörner
1/2 EL Fleur de Sel
250 ml Kalbsfond
1/2 Knoblauchzehe

Für den Butterkeksschwamm:
4 Eiweiß
120 g Pâte à tartiner (Keksbutter-Brotaufstrich)
4 Eigelb
80 g Isomaltzucker oder Zucker
20 g Weizenmehl (Type 405)

Für das Rote-Bete-Coulis:
750 ml Rote-Bete-Saft aus dem Reformhaus
1 Prise gemahlener Kümmel
1 Prise Fleur de Sel
1 Prise feiner Zucker

1 **Für die Marinade** alle Zutaten in einen Topf geben und die Flüssigkeit bei mittlerer Hitze auf die Hälfte reduzieren. Anschließend abkühlen lassen, bis sie lauwarm ist. Das Stück Tafelspitz mit der Marinade in einen Gefrierbeutel geben und so verschließen, dass der Braten vollständig bedeckt ist. Nun für 48 Stunden im Kühlschrank ziehen lassen.

2 **Für den Braten** den Ofen auf 120 Grad vorheizen. Den Tafelspitz aus der Marinade nehmen, abtropfen lassen und mit Küchenpapier abtupfen. Nun auf der Fettseite anbraten, bis diese Farbe nimmt. Die anderen Seiten nur kurz anbraten. In den Ofen geben und garziehen lassen, bis der Braten eine Kerntemperatur von 50 Grad erreicht hat. Das Fleisch aus dem Ofen nehmen, in Alufolie einwickeln und 10 Minuten ruhen lassen.

3 **Für das Zwiebel-Dörrpflaumen-Püree** alle Zutaten in einen Topf geben, erhitzen und anschließend bei mittlerer Hitze und unter regelmäßigem Rühren köcheln lassen, bis ein sämiges Püree entstanden ist.

4 **Für den Butterkeksschwamm** alle Zutaten in einer Schüssel glattrühren und die Masse 2 Stunden im Kühlschrank ruhen lassen. Durch ein Sieb streichen, in einen Sahnesiphon (mit 2 N20-Kapseln) mit 1/2 l Fassungsvermögen füllen und mindestens 2 Stunden kühl stellen. Vier Papier-Kaffeebecher auf der unteren Seite einstechen und bis zur Hälfte mit der Masse aus dem Siphon füllen. 40 Sekunden bei 900 Watt in der Mikrowelle garen.

5 **Für die Rote-Bete-Coulis** alle Zutaten in einen Topf geben und die Flüssigkeit reduzieren, bis sie andickt. Durch ein feines Sieb abseihen und beiseite stellen. Zum Servieren mit zwei Esslöffeln zu Nocken formen.

6 Den Sauerbraten mit Gemüse der Saison servieren.

 UND WAS GIBT'S ZU TRINKEN?
Daniel Dal-Ben empfiehlt einen kräftigen spanischen Rotwein von der Bodega Celler Clos Pons, eine Cuvée aus Grenache, Cabernet Sauvignon und Tempranillo.

Herr Helmus, womit macht man Sauerbraten?

Mit Tafelspitz, oder? Stephan Helmus, Inhaber der gleichnamigen Fleischerei in Oberkassel, verrät, mit welchem Stück Fleisch der Braten, egal ob Sauer- oder Schmor-, so richtig gut wird.

„Ich empfehle sehr gern Stücke aus der Keule. Da eignen sich besonders die Stücke aus der mageren Nuss, auch „Kugel" genannt. Aus der runden Nuss lassen sich nämlich sehr gut gleichmäßige Scheiben schneiden. Ein sehr empfehlenswertes Stück zum Schmoren ist außerdem die sogenannte Rolle aus der Unterschale der Keule. Tafelspitz, den Hüftdeckel vom Rind mit seinem Fettrand, kann man auch sehr gut nehmen."

Das Kennerstück für einen richtig saftigen Braten aber kommt aus der Schulter: Das sogenannte Falsche Filet. „Man darf sich nur nicht an der recht kräftigen Sehne stören, die das ansonsten zartfaserige Fleisch durchzieht."

Stephan Helmus ist Inhaber der Fleischerei Helmus in Oberkassel.

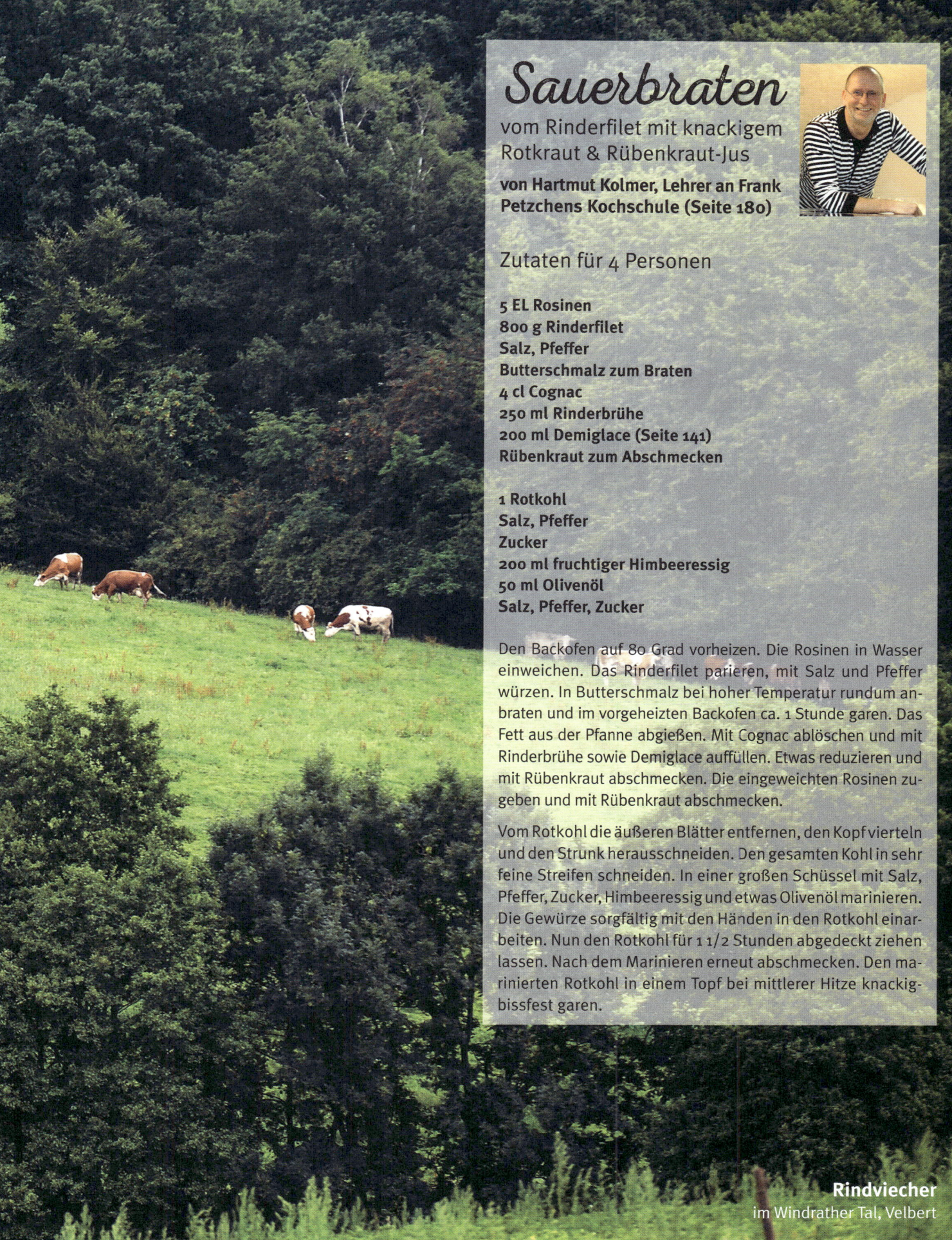

Sauerbraten

vom Rinderfilet mit knackigem
Rotkraut & Rübenkraut-Jus

**von Hartmut Kolmer, Lehrer an Frank
Petzchens Kochschule (Seite 180)**

Zutaten für 4 Personen

5 EL Rosinen
800 g Rinderfilet
Salz, Pfeffer
Butterschmalz zum Braten
4 cl Cognac
250 ml Rinderbrühe
200 ml Demiglace (Seite 141)
Rübenkraut zum Abschmecken

1 Rotkohl
Salz, Pfeffer
Zucker
200 ml fruchtiger Himbeeressig
50 ml Olivenöl
Salz, Pfeffer, Zucker

Den Backofen auf 80 Grad vorheizen. Die Rosinen in Wasser
einweichen. Das Rinderfilet parieren, mit Salz und Pfeffer
würzen. In Butterschmalz bei hoher Temperatur rundum anbraten und im vorgeheizten Backofen ca. 1 Stunde garen. Das
Fett aus der Pfanne abgießen. Mit Cognac ablöschen und mit
Rinderbrühe sowie Demiglace auffüllen. Etwas reduzieren und
mit Rübenkraut abschmecken. Die eingeweichten Rosinen zu-
geben und mit Rübenkraut abschmecken.

Vom Rotkohl die äußeren Blätter entfernen, den Kopf vierteln
und den Strunk herausschneiden. Den gesamten Kohl in sehr
feine Streifen schneiden. In einer großen Schüssel mit Salz,
Pfeffer, Zucker, Himbeeressig und etwas Olivenöl marinieren.
Die Gewürze sorgfältig mit den Händen in den Rotkohl einar-
beiten. Nun den Rotkohl für 1 1/2 Stunden abgedeckt ziehen
lassen. Nach dem Marinieren erneut abschmecken. Den marinierten Rotkohl in einem Topf bei mittlerer Hitze knackig-
bissfest garen.

Rindviecher
im Windrather Tal, Velbert

Schmorbraten auf Italienisch
IN DER OSTERIA SAITTA

eit mehr als 25 Jahren gilt die Osteria Saitta nun schon als eines der besten italienischen Restaurants der Stadt. Hier, im dörflichen Niederkassel, trifft die urige Atmosphäre eines geduckten niederrheinischen Häuschens, das den Viertelbewohnern einst als Büdchen diente, auf eine meist klassische, saisonal orientierte italienische Küche, zubereitet aus besten Produkten und stets mit einem Schuss Raffinesse. So werden Pasta und Risotti je nach Jahreszeit mit jungem Spargel oder frischen Pilzen veredelt, mit feinen Meeresfrüchten oder würzigem Ragú; Antipasti wie Carpaccio, Caprese oder Melone mit Schinken lassen laue italienische Lüftchen durch den kleinen Speiseraum mit den niedrigen Decken wehen. Und wenn es Steinbutt gibt oder Trüffel Saison haben, sollte man zuschlagen – Giuseppe Saitta kennt die besten Quellen für Delikatessen höchster Qualität und deren Produzenten oft persönlich.

Einige der Köstlichkeiten wie Salumi, Salami und Formaggi kann man übrigens auch im benachbarten Oberkassel in seiner Salumeria erwerben. Als der Sizilianer Ende der Sechzigerjahre mit seiner Familie nach Düsseldorf kam, hatten die Landeshauptstädter die Wörter „Trattoria" und „Osteria" noch nie gehört, setzten italienische Küche meist mit Pizza oder der Alta Cucina nobler Ristorantes gleich. Giuseppes Vater eröffnete sein erstes kleines Delikatess-Lädchen 1977 auf der Moltkestraße; 1982 wechselte er auf die linke Rheinseite ins boomende Oberkassel – die Salumeria Saitta war geboren, die erheblich zur italo-kulinarischen Sozialisation der Düsseldorfer beigetragen hat. Ganz Düsseldorf trifft sich hier am Stehtisch auf eine Nudel, Antipasti aus der Vitrine, ein Gläschen Wein oder einen Cappuccino.

Giuseppe und seine Brüder eröffneten in den folgenden Jahren mehrere Restaurants in Oberkassel und anderen Stadtteilen. Im Niederkasseler Fachwerkhäuschen steht Küchenchef Antonio Randazzo, 35, schon seit 2004 am Herd – und wo gibt es das noch, dass es ein Küchenchef und sein Chef so lange miteinander aushalten? Auch das ein Stück rheinisch-italienische Tradition.

Osteria Saitta
www.saitta.de
Niederkassel, Alt-Niederkassel 32
Fon 57 49 34

Brasato al Barolo

CHEF-TIPP

„Man muss für den Braten nicht unbedingt den hochpreisigen Barolo verwenden; ein Nebbiolo oder ein Barbera tun es auch."

Zutaten für 4 Personen

Für den Braten:
1 falsches Filet (800 g – 1 kg)
Küchengarn
2 Gemüsezwiebeln
2 große Möhren
1 Selleriestaude
2 Lorbeerblätter
4 Nelken
10 Wacholderbeeren
1 Zimtstange
1 – 1 1/2 l Rotwein
1 dl Cognac oder Brandy
(z. B. Vecchia Romagna)
5 EL Olivenöl
Salz
Butter nach Belieben

Für die Polenta:
500 g mittelfeiner Maisgrieß
1 EL Salz

 UND WAS GIBT'S ZU TRINKEN?
Barolo natürlich!

1 **Für den Braten** das Fleisch von Fett und Sehnen befreien, mit Küchengarn fest zusammenbinden und in eine Schüssel legen. Das Gemüse in grobe Stücke teilen, beiseitelegen. Lorbeer, Nelken, Wacholderbeeren und Zimtstange zum Fleisch geben. Mit Rotwein begießen, bis der Braten vollständig bedeckt ist. Den Cognac oder Brandy hinzugeben. Mindestens 1 1/2 Stunden marinieren.

2 Das Fleisch aus der Marinade nehmen und gut abtropfen lassen. Bei hoher Hitze in der Pfanne mit dem Olivenöl von allen Seiten kräftig anbraten und salzen.

3 Die Marinade durch ein Sieb abgießen, dabei den Wein auffangen. In einem Bräter zunächst das Gemüse anrösten, dann das Fleisch und die Marinade hinzugeben. Bei niedriger Hitze im geschlossenen Schmortopf oder bei 180 Grad im vorgeheizten Backofen ca. 1 1/2 Stunden schmoren.

4 Nach Ende der Garzeit das Fleisch aus dem Bräter heben, das Küchengarn entfernen und warmstellen. Die Sauce durch ein Sieb streichen und einkochen lassen, bis sie schön sämig ist. Mit Salz und Pfeffer abschmecken. Wer möchte, fügt der Sauce das pürierte Gemüse oder alternativ kalte Butterflöckchen hinzu.

5 **Für die Polenta** ca. 45 Minuten vor Ende der Bratzeit 2,5 l Wasser zum Kochen bringen. 1 EL Salz ins Kochwasser geben und dann nach und nach unter ständigem Rühren den Maisgrieß einrieseln lassen. 40 Minuten bei niedriger Hitze köcheln lassen. **Achtung:** Die sich ansetzende Masse muss immer wieder kräftig mit dem Holzlöffel vom Topfboden und -rand gelöst werden. Die fertige Polenta auf ein ausgebreitetes Tuch geben, darin einschlagen und vorsichtig einen flachen Laib formen. Daraus gleichmäßig dicke Scheiben schneiden.

Den Braten mit Polenta und Gemüsen der Saison anrichten.

Die Hammer haben einen Rochus!

Ungefähr dort, wo heute die Fährstraße auf das Rheinufer trifft, verkehrte seit dem 15. Jahrhundert für lange Zeit eine Rheinfähre zwischen Hamm und Neuss. Damals sollen sich in der Ansiedlung Auf den Steinen zahlreiche Läden, Schiffsbauwerkstätten und Radmacher niedergelassen haben. Ob sich die Pest hier schneller verbreitete als anderswo? Im 16. Jahrhundert tobte jedenfalls die schwerste Pestepidemie, die Düsseldorf jemals heimgesucht hat. Etwa um diese Zeit haben auch die Hammer nahe des Fährufers eine Rochuskapelle errichtet – viele davon sind in dieser Zeit im Rheinland gebaut worden. Der heilige Rochus von Montpellier wird in der katholischen Kirche ebenso wie der heilige Sebastian als Schutzpatron der Pestkranken verehrt. Beiden Heiligen ist die Hammer Kapelle geweiht. Die, die heute zu sehen ist, ist allerdings schon ein „Neubau" aus dem Jahre 1709, die die Familie des damaligen Hofrats Daniels errichtete. Hier gibt es auch einen Barockaltar aus dem 18. Jahrhundert zu bewundern. Die ursprüngliche Kapelle wurde bereits 1675 abgerissen.

Der heilige Rochus ist natürlich nicht gemeint, wenn man davon spricht, einen Rochus auf jemanden zu haben. Dieser Rochus kommt aus dem Rotwelschen, bedeutet „Rauch" im Sinne von Ärger und Zorn.

Kappes Hamm
Ackerbau mitten in der Stadt

Alte Rezepte, junge Gerichte
IM RESTAURANT ZUM BRUDERHAUS

Wirklich schade, dass wir das herrliche Aroma nicht in diesem Buch einfangen können, das aus der Pfanne aufsteigt, wenn Philipp Dückers zu karamellisierten Zwiebeln eine ordentliche Portion ABB-Senf hinzugibt. Wie das duftet! Die Zwiebeln sind die Basis für die Kruste seines Senfrostbratens. Der erst 23-jährige Küchenchef des Restaurants Zum Bruderhaus weiß, wie beste Landhausküche gemacht wird – er hat lange im weit über die Grenzen des Sauerlands hinaus bekannten Schmallenberger Gasthof Schütte am Herd gestanden. Und sein Chef Marcel Schiefer, Inhaber des Zum Bruderhaus wiederum weiß, was er an ihm hat: „Wir ergänzen uns bestens."

Das Zum Bruderhaus ist schon das zweite Restaurant des jungen Marcel Schiefer, dessen erstes, das Restaurant Schorn, 2013 mit einem Michelin-Stern ausgezeichnet wurde. Damals war er, der bei keinem Geringeren als Jean-Claude Bourgueil seine Ausbildung bestritt, der jüngste Sternekoch Deutschlands. Doch Marcel Schiefer weiß: Sterneküche ist nicht alles. „Wir alle mögen doch die Gerichte unserer Kindheit am allerliebsten." Er persönlich liebt Rindsrouladen mit Salzkartoffeln und viel Sauce, „wie meine Oma sie macht".

Die Eröffnung eines zweiten Restaurants, in dem zeitgemäß interpretierte bürgerliche Küche aufgetischt werden sollte, sei aus einer Schnapsidee heraus geboren, erzählt er. Dabei tat er gleich einen doppelten Glücksgriff: Er ergatterte eines der Düsseldorfer Traditionslokale schlechthin – das Zum Bruderhaus in Kappes-Hamm, erbaut im 17. Jahrhundert – und schuf in der bürgerlichen Gaststätte ein geschmackvoll modernisiertes Brauhaus-Ambiente. Der zweite Glücksgriff: Philipp Dückers. Und so sorgt das kongeniale Team seit Juli 2014 dafür, dass sich bei Bratwurst und hausgemachter Frikadelle, bei Himmel und Ähd und Heringsstipp, bei Wiener Schnitzel und rosa Roastbeef, bei Sauer- und Senfrostbraten sowie natürlich bei saisonalen Köstlichkeiten wie Spargel, Pfifferlingen, Muscheln und Gans die Hammer Stammgäste ebenso wohl fühlen wie Genießer aus ganz Düsseldorf.

Restaurant Zum Bruderhaus
www.zum-bruderhaus.de
Hamm, Fährstr. 237
Fon 43 63 63 53

Düsseldorfer Senfrostbraten
mit Kartoffelgratin

CHEF-TIPP

„Ein paar Spritzer salzig-würziger Sojasauce sind ein toller Kontrast zu den süßlichen karamellisierten Zwiebeln."

Zutaten für 4 Personen

Für das Kartoffelgratin:
600 – 800 g fest kochende Kartoffeln
1 Knoblauchzehe
500 g Sahne
Muskat
Käse zum Reiben nach Belieben
Salz, Pfeffer

Für die Sauce:
1 Stück Knollensellerie
1 große Möhre
1 große Zwiebel
1 EL Tomatenmark
Rotwein
400 ml Kalbsfond
Speisestärke
Pflanzenöl zum Braten

4 Rumpsteaks

Für die Zwiebel-Senf-Kruste:
6 Zwiebeln
1 EL Butter
1 EL Zucker
Sojasauce
2 – 3 EL ABB-Senf
Paniermehl

🍷 **UND WAS GIBT'S ZU TRINKEN?**

Philipp Dückers empfiehlt ein leckeres Düsseldorfer Alt oder einen runden Spätburgunder.

---

1 **Für das Gratin** die Kartoffeln in sehr dünne Scheiben schneiden oder hobeln und in eine mit Knoblauch ausgeriebene Auflaufform schichten. Sahne erwärmen, nach Gusto mit Salz, Pfeffer und Muskat würzen und so viel über die Erdäpfel gießen, dass diese gut bedeckt sind. Das Ganze für eine Stunde bei 180 Grad in den Ofen schieben. Zwischenzeitlich den Käse reiben. Küchenchef Philipp Dückers verwendet für das Gratin eine kräftige Mischung aus Gouda, Emmentaler und Appenzeller. Man kann auch jeden anderen gut zu reibenden Käse wie etwa Gruyère nehmen. Die Kartoffeln aber erst einige Minuten vor Ende der Garzeit großzügig mit dem Käse bedecken und gratinieren.

2 **Für die Sauce** das Gemüse in kleine Würfel schneiden und in Pflanzenöl scharf anbraten. Tomatenmark hinzufügen, alles kurz und kräftig weiterrösten und dann mit einem ordentlichen Schuss Rotwein ablöschen. Kalbsfond hinzugeben und die Flüssigkeit einreduzieren. Anschließend durch ein Sieb passieren und mit der Speisestärke abbinden. Die fertige Sauce kann gut beiseitegestellt und kurz vor dem Servieren nochmals erwärmt werden.

3 **Rumpsteaks** bis zum gewünschten Gargrad braten, aus der Pfanne nehmen und warm stellen.

4 **Für die Zwiebel-Senf-Kruste** zunächst die Zwiebeln in dünne Ringe schneiden. Die Butter in einer Pfanne zerlassen. „Am besten nimmt man die Pfanne, in der auch die Steaks gebraten wurden. Dann nutzt man gleich noch das schöne Fleischaroma," empfiehlt Philipp Dückers. Jetzt zur Butter den Zucker geben und karamellisieren lassen. Die Zwiebeln hinzufügen und anschmoren, bis sie leicht bräunen. Alles mit ein paar Spritzern Sojasauce würzen und den Senf unterrühren, kurz durchziehen lassen. Die Zwiebel-Senf-Masse großzügig auf den Steaks verteilen und dünn mit etwas Paniermehl bestreuen. Steaks neben das Gratin in den Ofen geben und die Zwiebel-Senf-Kruste bei kräftiger Oberhitze bräunen lassen.

Als Gemüsebeilage eignen sich grüne Bohnen mit Speck.

Liebe Hausfrau
merk' es Dir, den echten Mostert
gibt es hier, auf Wunsch wird
frisch vom Faß gefüllt, daß
aus dem Aug' die Träne quillt
wenn Du zu Käse, Wurst
und Fisch, den echten Mostert
bringt zu Tisch.

Fährst Du in Urlaub, weit vom Heim,
dann pack' genügend Mostert ein
von A.B. Bergrath sel. Wwe.

Der Ehemann –
der Junggesell, kauft Mostert
an der richt'gen Quell, drum
zaudre nicht tritt ruhig ein
Du wirst mit 'Ihm' zufrieden
sein, die Nase kitzelt, die Träne
rinnt, wenn aus dem Topf
zuviel man nimmt.

Gewürze ... aller Welt

6.00 €

Mittwoch den 08.07.15
geschlossen

Älteste Zapfstelle Düsseldorfs seit 1926.

Öffnungszeiten
Montag - Freitag
von 9.30-14.00
und 15.00 -18.00
Samstag
von 9.30 -15.00

Gewürzhaus Altstadt
Small & spicy

„Ob Heinrich Heine hier schon eingekauft hat, wissen wir nicht, aber theoretisch wäre es möglich", erzählt Miriam Seegers, gemeinsam mit ihrer Mutter Marie-Luise Inhaberin des winzigen Gewürzhauses in der Altstadt, das schon 170 bis 180 Jahre an der Mertensgasse 25 in der Düsseldorfer Altstadt zu finden ist. In früheren Zeiten gab es hier nicht nur Kräuter und Gewürze zu kaufen – das Lädchen diente auch als Natur-Apotheke; außerdem hat es hier mal eine Maschine gegeben, mit der man Laufmaschen in Strümpfen reparieren konnte. Heute gilt das Gewürzhaus stadtweit als erste Bezugsquelle für den berühmten ABB-Senf, der hier noch von Hand in die dekorativen Tontöpfe gezapft wird. Außerdem gibt's zig Gewürze aus aller Herren Länder, fein säuberlich abgefüllt in große Schraubdeckelgläser, die sich in Regalen dicht an dicht bis unter die Decke stapeln – nicht umsonst nennen sich die beiden Damen Seegers auf ihrer Website auch die „Spicegirls von Düsseldorf". „Herrengewürz" steht da auf dem Schildchen an einem der Gläser – oh là là, was ist denn das? „Das ist für Kurzgebratenes, da ist viel Koriander drin", erklärt Miriam Seegers. Bei ihr darf man Gewürze und getrocknete Kräuter auch in kleinen Mengen kaufen – eben so viel, wie man für ein Rezept braucht. Und was ist eigentlich das Besondere am ABB-Senf? „Er ist kräftiger in der Würze, aber weniger scharf, und auch ein bisschen süß – im Abgang."

Gewürzhaus Altstadt
www.gewuerzhaus-altstadt.de
Altstadt, Mertensgasse 25
Fon 32 57 88

Schnell & unkompliziert:

Hähnchenbrust mit Senfkruste

Miriam Seegers verwendet ABB-Senf natürlich auch beim Kochen:
Gerne bereitet sie sich am Abend Hähnchenbrust in Senfkruste zu.

Zutaten für 4 Personen

4 Hähnchenbrustfilets
Pflanzenöl zum Braten
ABB-Senf nach Geschmack
4 dünne Scheiben Käse (Frau Seegers nimmt Gouda)
Würzmischung Café de Paris
Salz, Pfeffer
Essig und Öl für eine Vinaigrette
Chimichurri-Gewürzpulver

Die Hähnchenbrustfilets in Öl bei hoher Hitze in einer ofenfesten Pfanne rundum ordentlich anbraten, dann salzen und pfeffern. Jedes Filet oben mit Senf einstreichen und mit 1 Scheibe Käse belegen. Nach Geschmack mit Café-de-Paris-Gewürzmischung bestreuen. Nun die Pfanne mit einem Deckel schließen oder das Ganze bei 180 Grad im vorgeheizten Ofen weitergaren. Der Käse sollte am Ende gut verlaufen sein. Miriam Seeger isst dazu einen gemischten Salat: „Ich rühre immer etwas Chimichurri-Gewürzpulver in die Vinaigrette ein. Das ist zwar eigentlich ein Steakgewürz, gibt aber auch dem Grünzeug einen ungewöhnlichen Geschmack." Und ein Löffelchen ABB-Senf gehört ja sowieso in jede Vinaigrette.

ABB-Senf –
echte Düsseldorfer Würze

Sogar Vincent van Gogh kannte und schätzte ihn offensichtlich, hat der berühmte Niederländer die Düsseldorfer Spezialität doch in seinem „Stillleben mit Flasche und Keramik" verewigt. Denn da steht der typische Steinguttopf mit den bekannten drei Buchstaben und dem Anker aus dem Stadtwappen mitten auf dem Tisch. Den Namen „ABB" trägt der echte Düsseldorfer Mostert seit 1800 nach den Initialen des einstigen Firmeninhabers Adam Bernhard Bergrath. Hergestellt wird er jedoch schon seit 1726. Dank der hierzulande ältesten Senffabrik wurde Düsseldorf schließlich auch zum deutschen Dijon. Ihretwegen zog es nämlich knapp 200 Jahre später Otto und Frieda Frenzel, bekanntermaßen die Begründer des Unternehmens Löwensenf, aus dem lothringischen Metz hierher an den Rhein. Heute kommt auch der Traditions-Mostert aus dem Hause Löwensenf. Am Namen und der ursprünglichen Rezeptur hat das aber nichts geändert. Er entsteht – soviel weiß man – aus gelber und brauner Senfsaat. Was sonst noch drin ist im malzig-bräunlichen ABB und für seine angenehme Ausgewogenheit von Schärfe und leichter Süße sorgt, bleibt ein Geheimnis. Zu Flönz und Frikadelle darf in den Brauhäusern der Stadt ein Töpfchen ABB auf dem Tisch nicht fehlen. Viele Köche schwören auf ihn, und so gehört er als Zutat in etliche Düsseldorfer Restaurantküchen. Im Gewürzhaus in der Altstadt bekommt man ihn nicht nur in den hübschen handgemachten Steinguttöpfen, sondern außerdem in gewünschter Menge abgezapft. Und nur Senf, der wirklich in Düsseldorf hergestellt wird, darf sich auch „Düsseldorfer Mostert" nennen.

Ein Düsseldorfer zum Anbeißen
IM RESTAURANT RICHIE 'N ROSE

Ein Burger ist keine Frikadelle. Es geht um den Geschmack von Fleisch und nicht um den von Gewürzen. Da ist die Qualität des Fleisches schon sehr wichtig", erklärt Richard Nicolaus, der seit April 2013 gemeinsam mit Rosina Fuchs das Burger-Restaurant Richie 'n Rose betreibt. Wer ihn kennt weiß, dass es sich hier nicht um eine Burger-Bude handelt, in der Klops und Brötchen mal eben zu Fast Food verwurstet werden. Wo Richard Nicolaus den Küchenchef-hut trägt, wird bis ins Detail auf Qualität geachtet – und auch der Burger zu einer Delikatesse.

Qualität, Kreativität, Raffinesse prägten seine Arbeit als Koch sein Leben lang. Im Golzheimer Restaurant km 747 zog er 9 Jahre lang Genießer und Gourmets in seinen Bann. Zuvor hatte er unter anderem als Privatkoch der Toten Hosen Campino, & Co. mit leckeren und gesunden Mahlzeiten versorgt – auch auf Tour ist er mit den Jungs gegangen. „Eine schöne, aber anstrengende Zeit." Und wie kam's zum Burger-Restaurant? „Ich hatte keine Lust mehr auf Schnickschnack." Die Konzentration auf ein gutes, qualitäts- und geschmackvolles Produkt, das macht ihm Spaß. Zwischen die Burger-Bun-Hälften kommt bei ihm nur bestes Fleisch, beim Burger namens „Düsseldorfer"

etwa Färsenfleisch vom Simmentaler Rind, das am Niederrhein aufwächst; für andere Burger Milchkalb aus dem Baskenland oder Nebraska-Rind; außerdem geräuchertes Thüringer Landschwein und für die Fisch-Burger Gelbflossenthunfisch und Black-Tiger-Garnelen. Und wer weder Fleisch noch Fisch isst, kann zwischen zwei Veggie-Burgern wählen – mit Tofu. Pommes werden aus ungeschälten Kartoffeln von Hand geschnitzt, alle Salate und Saucen sind hausgemacht, die Buns stammen von einem Bäcker aus Düsseldorfs Klein-Marokko, aus Oberbilk. Und während sich der Küchenchef stets neue Kreationen ausdenkt, kümmert sich Rosina Fuchs ums Management und die Gäste, die sich zwischen unverputztem Ziegelstein und massiven Holztischen wie in einem New Yorker Burger-Restaurant fühlen. Im August 2015 eröffneten Richie 'n Rose eine zweite Dependance in Oberkassel. Dort gibt es nun auch einen Burger namens OBK – mit Sauerkraut und Kartoffelpuffer-Patty.

Restaurant Richie 'n Rose
www.richienrose.de

Unterbilk, Konkordiastr. 89
Fon 17 83 41 13

Oberkassel, Belsenstr. 3
Fon 46 87 85 30

DIE TOTEN HOSEN

Unsterblich

Überreicht an
RICHIE
für all die ganzen Buletten und
sonstigen Nährstoffe
...

BEILAGEN

POMMES 8/8.4 mm 2,80€
kross frittiert, Gewürzmischung & 1Dip

SWEET FRIES 3,80€
frittierte Süßkartoffeln, Kräutern, Gewürzmischung

HOME FRIES 3,60€
gebratene Kartoffelspalten, Rosmarin,
Knoblauch, Olivenöl

DIP-SAUCEN

Ketchup, Hot Chili Ketchup, je 0,50€
Jalapeño Ketchup, Mayo, Chili Mayo,
Knoblauch Mayo, Joppiesauce, BBQ Sauce,
Trüffel Mayo, Guacamole je 1,00€

MENU NO.2 8,60€
Cheeseburger 160g & Pommes & 1 Dip

LITLE JOE MENU 8,20€
Cheeseburger Nebraska Beef 4 Unzen,
Gruyère, Romanasalat & Pommes & Chili Mayo

»9.00«

SALATE

GRÜNER French Dressing, Avocado, Croûtons

ROTE BEETE Apfel, Balsamico

CAESAR'S SALAD Römersalat, Croûtons, Parmesan

COLESLAW Krautsalat, Apfel, Zwiebeln

EXTRAS

karamellisierte Zwiebeln, Gewürzgurken,
Jalapeños, geröstete Peperoni, Cheddar,
Gruyère, Pecorino, Gorgonzola, Comté

Avocado, egg over easy, Bacon,
Zwiebelmarmelade, Nachos Chips

MAX'N FRITZ
Mad Max double (medium well) & Pommes
Chili Mayo & Fritz Getränk 0.2cl

NEW YORK US DINER
6,5 Unzen US Beef, Pastrami, Coleslaw
Pommes & Chili Mayo & Brooklyn Lager Bee

Richie 'n Ros

BURGER

№ 1

Senfrostbraten-Burger „Düsseldorfer"

CHEF-TIPP

„Etwas Zuckerrübensirup gibt mit seinem süß-säuerlichen Aroma der Zwiebelmarmelade einen besonderen Geschmackskick."

Zutaten für 4 Personen

Für die Zwiebelmarmelade:
10 Zwiebeln
Olivenöl zum Braten
Rotwein
Balsamico
2 TL Zucker
Rübenkraut

Für den Burger:
640 g Rindfleisch
(Entrecote und Rinderbrust, vom Metzger nicht zu
fein durch den Fleischwolf gedreht)
weißer Pfeffer nach Geschmack
Salz
edelsüßes und rosenscharfes Paprikapulver nach
Geschmack
1 Aubergine
1 rote Paprika
1 Zucchini
Pflanzenfett zum Braten
2 – 3 Tomaten
ABB und süßer Düsseldorfer Senf nach Geschmack
4 Roggenmischbrötchen
Mayonnaise
Ketchup

🍷 UND WAS GIBT'S ZU TRINKEN?

Richard Nicolaus und Rosina Fuchs empfehlen ein Craftbeer oder, wenn es ein Wein dazu sein soll, den Mouth Bomb vom Winepunk, dem italienischen Sommelier und Winzer Marco Zanetti. Die Rotwein-Cuvée kann auch leicht gekühlt getrunken werden.

1 **Für die Zwiebelmarmelade** die Zwiebeln schälen, in feine Ringe hobeln und in der Pfanne mit wenig Olivenöl scharf anbraten, bis sie bräunen. Mit etwas Rotwein ablöschen. Einen Schuss Balsamico und den Zucker hinzufügen. Das Ganze kurz einkochen lassen, dabei aber darauf achten, dass die Zwiebeln nicht zu weich werden. Zum Schluss nach Geschmack Zuckerrübensirup unterrühren.

2 **Für die Burger** sollte das Hack bei einem guten Metzger bestellt werden. Richard Nicolaus empfiehlt eine Mischung aus Entrecote und Rinderbrust. Vor dem Braten würzt man es lediglich mit Salz, Pfeffer, mildem sowie rosenscharfem Paprika. „Mit dem Salz sollte man zurückhaltend sein, vom Paprika darf ruhig eine gute Prise ran. Ganz wichtig ist, mit weißem Pfeffer zu würzen, der ist milder. Mit schwarzem würde das Fleisch zu scharf", rät der Burger-Profi. Aus je 160 g Hack schließlich einen flachen Patty von ca. 10 cm Durchmesser und knapp 2 cm Dicke formen.

3 Aubergine, Paprika und Zucchini putzen und in kleine Würfel schneiden, kurz in etwas Pflanzenfett anschwitzen und mit Salz und Pfeffer abschmecken. Tomaten in dünne Scheiben schneiden.

4 ABB-Senf mit süßem Senf verrühren. Die Patties nun in der heißen Pfanne von jeder Seite 3 Minuten braten. Dabei jeweils nach 1 1/2 Minuten wenden. Bei 53 Grad Kerntemperatur ist ein Patty medium gebraten.

5 Roggenmischbrötchen aufschneiden und beide Hälften toasten. Auf die untere Hälfte Mayonnaise und Ketchup geben, darauf Tomatenscheiben legen und auf diese das gedünstete Gemüse verteilen. Darauf nun das Patty platzieren und großzügig mit der Zwiebelmarmelade toppen. Obenauf kommt noch ein guter Klecks Senfmix und zum Abschluss der Brötchendeckel. Das Burger-Türmchen am Besten mit einem Holzspieß fixieren.

Uerige

„Craft-Beer seit 1862" und „Rendite: 4,7 Prozent" – wirklich coole Slogans und Plakate, mit denen das Uerige wirbt. Denen ist nichts hinzuzufügen – außer, dass das Trottoir vor der Tür des Brauhauses zu den beliebtesten Open-Air-Terrassen in Düsseldorf zählt. Das Uerige-Starkbier „DoppelSticke" ist übrigens ein originelles i-Tüpfelchen beim Abschmecken einer Schoko-Mousse (Seite 178).

www.uerige.de

Füchschen

Laut Facebook-Jahresranking 2013 für Düsseldorfer Gastronomie-Marken ist es das beliebteste Alt – kein Wunder, denn auch Frauen mögen es gern. Seit 1848 nach eigenen Angaben „von Kennern und Kehlen" geschätzt und mit 4,8 „Umdrehungen" versehen, gilt das Füchschen Alt bei so manchem Alttrinker als „Mädchenbier". Fest steht, dass das Füchschen-Brauhaus das beliebteste unter jüngeren Menschen ist. Um das herauszufinden, muss man nur an einem lauen Sommerabend auf die Ratinger gehen.

www.fuechschen.de

Schumacher

Das älteste Düsseldorfer Alt: Seit 1838 wird es gebraut. Und schon seit rund 50 Jahren ist die Brauerei fest in Frauenhand: Nach dem Tod ihres Mannes Hans, der das Unternehmen 1955 von Ferdinand Schumacher übernommen hatte, führte Thea Schnitzler die Regie; 1991 wurde sie von ihrer Tochter Gertrud Schnitzler-Ungermann abgelöst; seit 2007 wirkt deren Tochter Nina Thea Ungermann in der Geschäftsführung mit. Feminine Familientradition. Und das Bier? „Schlanker Geschmack mit leicht malziger Note", sagen die Ungermanns. Das Schumacher Alt ist übrigens das einzige, das man auch in Form von Pralinen genießen kann (Seite 176).

www.schumacher-alt.de

Warum das Altb

... ist ja bekannt: „Neubier", also untergäriges Pils, Export, Weizen & Co., konnte erst gebraut werden, nachdem Carl Linde 1873 künstliche Kühlung möglich machte. Alles, was vorher war, heißt heute Altbier – es wurde und wird bei höherer Temperatur gebraut. Dass Alt außerdem das bitterste Bier Deutschland ist, weiß jeder, der es schon mal probiert hat.

So weit, so gut. Erschreckend aber dürfte für den das Obergärige liebenden Rheinländer der Wikipedia-Eintrag zum Stichwort „Altbier" sein: „Die Wurzeln des Altbiers liegen in Westfalen und im angrenzenden Niedersachsen", steht dort Schwarz auf Weiß ins Internet gemeißelt.

Was soll's. Wie heißt es immer so schön im toleranten Rheinland? „Mer muss och jünne könne!" Heutzutage werden das Altbier und seine Liebhaber eindeutig in Düsseldorf

Schlüssel

Nicht weit von dort, wo man heute in typisch rustikaler Brauhaus-Atmosphäre das Schlüssel Alt genießt, nämlich drei Häuser weiter in der Nummer 53, wurde 1797 Heinrich Heine geboren, besprachen Düsseldorfs März-Revolutionäre 1848 den Aufstand mit Bürgerwehr-Chef Cantador. Nur 2 Jahre später wurde hier eine Bäckerei und Brauerei eröffnet – das flüssige Brot, das seit 1913 Schlüssel Alt heißt, erblickte das Licht der Welt. 5 Prozent stark und leicht süßlich ist es heute und erfreut sich bei Altbierkennern nach wie vor großer Beliebtheit.

www.zumschluessel.de

Kürzer

Das jüngste unter den Altbieren und Brauhäusern; beides gibt es erst seit 2010. „Uns hat die Idee begeistert, eine Brauerei zu eröffnen, die anders ist als alle anderen. Wir wollen zeigen, dass man Tradition auch zeitgemäß pflegen kann. Ohne Humtata, mit zeitgemäßem Wirtshausinterieur", erläutert Jungbrauer Hans Peter Schwemin auf der Website des Hauses. Kommt ziemlich gut an!

www.brauerei-kuerzer.de

er Altbier heißt

und am Niederrhein verortet. Die Düsseldorfer Hausbrauereien pflegen mit guten Tropfen und uriger Gastlichkeit ihr Image als Horte der Tradition – zu Recht, sind sie doch fast alle seit ungefähr Mitte des 19. Jahrhunderts in der Stadt. Und Jung und Alt haben gleichermaßen Spaß, wenn sie sommertags vor dem Uerige oder dem Füchschen auf der Ratinger ein kühles Alt zischen.

Noch etwas: Weil man immer noch liest, Köbesse seien, wenn überhaupt, nur mit robustem Charme ausgestattet und würden Wasser ausschließlich zum Waschen empfehlen, sei hier gesagt: Das ist längst passé. Heute ist der Köbes zuvorkommend statt bärbeißig – und wenn der Gast kein Alt mag, wird er in den meisten Fällen auch mit feinem Wein versorgt.

Bolten

Die Brauerei in Korschenbroich soll die älteste Altbier-Brauerei der Welt sein: Schon seit 1266 wird hier das traditionelle Ur-Alt gebraut. Die Frage, wie eine Brauerei rund 750 Jahre überleben kann, beantwortet das Unternehmen selbst mit der Philosophie eines Bolten-Brauerei-Ahnen: „Wichtig ist, dass das Bier schmeckt!" Und es schmeckt, 4,9-prozentig, offenbar nach wie vor vielen – auch vielen Düsseldorfern. Man kann es im Korschenbroicher Biergarten der Brauerei probieren.

www.bolten-brauerei.de

Hirsch aus der Eifel
IN KARL'S RESTAURANT

Ein gutes Stück Wild aus der Region, nach alter Waidmanns-art erlegt, ist für mich das beste Fleisch, das es gibt", er-klärt Karl Romboy, Küchenchef und Inhaber des Restaurant Karl's. Wenn hier Wild auf der Karte steht, dann hat es sein Freund und Stammgast Ernst in der Eifel geschossen. „Der jagt gewissen-haft und nachhaltig", erklärt Karl Romboy. Und Nachhaltigkeit ist für ihn nicht nur ein Trend – sie prägt seine gesamte Arbeit.

So verwendet er, wenn möglich, nur Zutaten von Bauern aus der Region, Kräuter zieht er auf der paradiesisch-pariseri-schen Dachterrasse seiner Wohnung. Das Rindfleisch, das er als Filet, Steak oder auch mal Gulasch serviert, stammt von deut-schen Jungbullen, „in Bayern geboren, aufgezogen, gemästet, geschlachtet und sogar zerlegt." Es ist bei seinen Gästen äußerst beliebt – ebenso wie Karls ganz persönliche Bouillabaisse: Sei-ne Fischsuppe ist klar, seine Rouille ist keine Majo, sondern ba-siert auf einer gekochten Kartoffel. Schön leicht und sehr lecker! „Classic with a twist", also Traditionelles mit dem gewissen Etwas nennt Karl Romboy seine Art zu kochen. Die Küche seines großzü-gigen und liebevoll eingerichteten Restaurants, das er 2013 eröff-nete, ist für den Gast einsehbar, der junge Chef gleich unschwer zu erkennen an seiner knautschigen Kochmütze, die er seit seiner

Ausbildung trägt. Er lernte in einem kleinen Betrieb in Büttgen und im Restaurant des großen Hotels Radisson SAS am Golzheimer Platz, ging dann nach Wien ins Restaurant Mö-wald im Luxushotel Ambassador: Sternekoch Christian Domschitz war damals dort Küchenchef. Zurück in Düsseldorf, stand er unter anderem im mit einem Michelin-Stern ausgezeichneten Restaurant Berens am Kai am Herd. Gern erinnert er sich auch zurück an seine Zeit im Sylter Restaurant Grand Plage, schließlich ist er leidenschaftlicher Surfer, der, wenn er denn mal Ferien macht, auf Fuerteventura oder an der französischen Küste Atlantikwellen bezwingt. Für Ferien bleibt ihm momentan aber wenig Zeit ...

Karl's Restaurant
www.karls-restaurant.de
Pempelfort, Schloßstr. 82
Fon 98 46 53 80

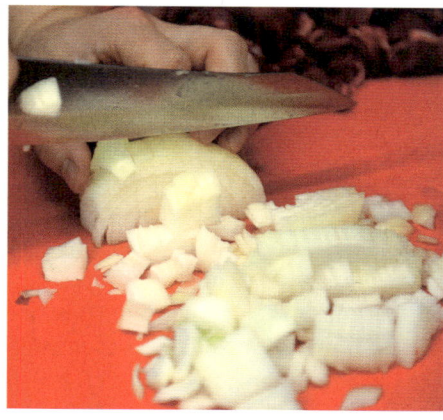

Krone & Gulasch vom Eifelhirsch

mit Semmelknödeln & Kräuterseitlingen

CHEF-TIPP

„Eine leckere Kräuterkruste für kurzgebratenes Fleisch geht ganz einfach: das gebratene Fleisch ordentlich mit Butter einstreichen, reichlich frisch gehackte Kräuter darauf festdrücken und nochmals kurz in den Ofen schieben."

Zutaten für 4 Personen

Für das Hirschgulasch:

400 g Hirschfleisch (vorzugsweise aus der Keule)

3 Zwiebeln

2 Knoblauchzehen

1 1/2 EL Tomatenmark

250 ml Rotwein

1 Prise gemahlener Kümmel

1 TL edelsüßes Paprikapulver

2 Lorbeerblätter

Abrieb von 1 unbehandelten Orange nach Geschmack

Brühe nach Geschmack

Salz, Pfeffer, Pflanzenöl

1 Für das Gulasch das Fleisch in Stücke schneiden, gegebenenfalls von Haut und Sehnen befreien, leicht salzen und pfeffern. Zwiebeln und den Knoblauch schälen und in feine Würfel schneiden. Das Fleisch mit Pflanzenöl in einem Topf scharf anbraten. Zunächst Zwiebeln und Knoblauch dazugeben, dann auch das Tomatenmark mit anrösten. Alles mit Rotwein ablöschen. Mit Kümmel, Paprikapulver, Lorbeerblättern und etwas Orangenabrieb würzen und so lange köcheln lassen, bis der Wein verkocht ist. Nun nach Geschmack mit Brühe oder Wasser aufgießen, das Gulasch einmal aufkochen und dann solange bei niedriger Hitze köcheln lassen, bis das Fleisch weich ist. Je nach Größe der Fleischstücke dauert das ca. 1 1/2 Stunden.

Für die Semmelknödel:

500 g altbackenes Brot
1 Gemüsezwiebel oder 2 Schalotten
1 Knoblauchzehe
50 g durchwachsener Speck
2 EL Butter
250 ml Milch
3 Eier (Größe L)
2 EL gehackte Petersilie
2 EL fein geschnittener Schnittlauch
Salz, Pfeffer
gerieben Muskatnuss
Panko* (alternativ Paniermehl)

Für die Hirschkrone:

1 Hirschkrone ca. 600 g
Salz, Pfeffer
Kräuter nach Geschmack
(z. B. Estragon, Majoran, Thymian, Salbei)
Pflanzenöl zum Braten
1 EL Butter

Für die Kräuterseitlinge:

250 g kleine Kräuterseitlinge
1 Schalotte
1 Stange Frühlingslauch
einige Zweige frischer Majoran
Pflanzenöl zum Braten
Butter
Salz, Pfeffer

🍷 ### UND WAS GIBT'S ZU TRINKEN?

Karl Romboy empfiehlt einen schönen deutschen Rotwein wie den Aufwind, eine Cuvée vom Pfälzer Weingut Hensel, oder einen Malbec aus dem Cahors.

2 **Für die Semmelknödel** das altbackene Brot in grobe Würfel schneiden und in eine Schüssel geben. Zwiebeln sowie Knoblauch schälen und fein würfeln. Speck ebenfalls in kleine Würfel schneiden. Zwiebeln, Knoblauch und Speck in der Butter glasig anschwitzen und über die Brotwürfel geben. Die Milch kurz aufkochen und dazugeben. Das Ganze etwas abkühlen lassen. Dann Eier und Kräuter hinzufügen, mit Salz, Pfeffer und Muskat würzen und alles ordentlich durchmengen. Die Masse nochmals abschmecken und mit angefeuchteten Händen einen Probekloß formen – etwa so groß wie ein Golfball. Diesen in kochendes Salzwasser geben. Die Hitze reduzieren und den Kloß im leicht siedenden Wasser ziehen lassen, bis er oben schwimmt. Sollte er noch zu weich sein, der Kloßmasse mit einer Handvoll Panko* die gewünschte Festigkeit geben. Nun die restliche Masse zu kleinen Knödeln formen, wie den Probekloß garen, mit dem Schaumlöffel aus dem Wasser heben. „Die kleinen Knödel können vor dem Servieren prima nochmal in der Pfanne mit etwas Butter angeschwenkt und dabei gleich auch wieder erwärmt werden. Sie lassen sich also auch gut im Voraus zubereiten", erläutert Karl Romboy.

3 **Für die Hirschkrone** das Fleisch von der Silberhaut befreien und mit Salz und Pfeffer würzen. Kräuter hacken (man benötigt ca. 2 – 3 EL Kräuter). Die Krone von allen Seiten scharf in Öl anbraten, auf ein Blech legen und die Oberseite ordentlich mit Butter bestreichen. Dann die Kräuter darauf verteilen und andrücken. Den Backofen auf 180 Grad vorheizen und die Krone darin ca. 12 Minuten garen. Das Fleisch sollte final eine Kerntemperatur von 60 Grad haben. Krone aus dem Ofen nehmen und für 10 Minuten an einem warmen Ort ruhen lassen. Vor dem Servieren nochmal für ca. 3 Minuten in den Ofen schieben und dann in vier gleich große Stücke schneiden.

4 Die Pilze der Länge nach halbieren. Die Schalotte schälen und längs in Streifen sowie den Frühlingslauch in feine Ringe schneiden. Den Majoran hacken. Pilze in nur wenig Pflanzenöl kurz und kräftig anbraten. Schalotten dazugeben und mitbraten. Dann etwas Butter hinzufügen und Pfanne vom Herd nehmen. Pilze nach Belieben mit Salz und Pfeffer würzen, Lauch und Majoran darüberstreuen und alles einmal gut durchschwenken.

Ein Mekka für Genießer

Sechs Tage die Woche geöffnet und ein Angebot, das seinesgleichen sucht: Der Markt auf dem Düsseldorfer Carlsplatz. Hier gibt es so gut wie nichts, was es nicht gibt: Lebensmittel aus aller Welt – und aus der Region, versteht sich – stets frisch und von höchster Qualität. Obst und Gemüse in großer Vielfalt aus aller Herren Länder, auch exotische Früchte und fotogenes Mini-Gemüse; Kartoffeln vom Niederrhein, aus Süddeutschland, Frankreich und Ägypten; Süß- und Salzwasserfische, Meeresfrüchte und Krustentiere; bestes Fleisch und Geflügel aus deutschen, französischen, spanischen und amerikanischen Landen; Käse deutscher, niederländischer, dänischer und französischer Herkunft, leckeres Brot aus allen Getreidesorten, feine Patisserie und Gebäck, alles auch in Bio-Qualität. Dazu hochwertige Öle, internationale Feinkost (auch persische), Gewürze, Kräuter und Pflanzen, solche, die jeder und solche, die nur leidenschaftliche Köche kennen. Und für die Tischdekoration: Blumen in üppiger Pracht. Da bleibt es nicht aus, dass beim Einkauf das kleine Hüngerchen kommt. Kein Problem: Viele Stände bieten Leckeres, das sich gleich vor Ort vernaschen lässt: ob rheinische Erbsen- oder französische Fischsuppe, ob Matjesbrötchen oder Falafel, ob indisch oder italienisch – hier draußen schmeckt's besonders gut. Für danach gibt es hier einen der besten Espressi der Stadt. Weil es ab und zu auch in Düsseldorf mal regnet, hat man den Markt 1998 gläsern überdacht. Wer den Einkaufskorb vergessen hat, kann auch ihn gleich hier kaufen – und außerdem Bürstenwaren, die in Küche und Haushalt beste Dienste tun.

Wochenmarkt Carlsplatz
Mo – Fr 8 – 18, Sa 8 – 16 Uhr

Galatina Drillinge
festkochend
Neue Ernte 1 Kilo 4,80 €

Drillinge
1 Kilo 3,40 €

Marabel
halbfest kochend
Neue Ernte 1 Kilo 3,80 €

Salat-
fest
Neue Ernte

Agatha
gelb
1 Kilo 1,00 €

Princess
festkochend
Neue Ernte 1 Kilo 2,00 €

Poulet Fermier
Jaune des Landes
Élevé en liberté
901622

Poulet Fermier
Jaune des Landes
Élevé en liberté
901625

Poulet Fermier
Blanc des La
Élevé en li
2648

Fischhaus
W. Ohst

Rote Garnele
Wildfang Argentinien
Penaeus Monodon Fangmethode: Schleppnetz
Auftauware, Krustentiere
gefangen im Südwest Atlantik FAO 41
100g 4,45

Wachtel & Dicke Bohnen
IM RESTAURANT SEGIN'S

immel und Ähd hat der gebürtige Westfale André Segin schon immer gern gegessen, jetzt bietet er diese typisch rheinische Speise auch in seinem Restaurant an. Dass er es in Düsseldorf eröffnete, hat aber nichts mit Blutwurst, Äpfeln und Kartoffeln zu tun. „Ich bin so viel herumgekommen, dass es mir anfangs relativ egal war, wo in Deutschland ich mein Restaurant mache", erzählt er. Wohl wahr: Welcher Küchenchef kann schon von sich behaupten, mit Kollegen aus 56 Nationen in einer Küche zusammengearbeitet zu haben? André Segin kann's, hat er doch unter anderem auf dem Kreuzfahrtschiff Queen Mary II gekocht und so die halbe Welt gesehen.

Auch im berühmten Fünf-Sterne-Hotel Suvretta House in St. Moritz stand er am Herd, auf Sylt in der Sturmhaube und in der Vogelkoje. Mittlerweile fühlt er sich in Düsseldorf sehr wohl und ist froh, von der riesigen Kombüse eines Kreuzfahrtschiffes in der winzigen Küche seines kleinen Restaurants gelandet zu sein. 30 Plätze und eine hübsche Terrasse mit Rundum-Blick auf das Medienhafenrund samt Hyatt-Hotel – der perfekte Tummelplatz für André Segin und seine Lebensgefährtin mit dem bezaubernden Namen Sarah Paries, ebenfalls gelernte Köchin mit Kreuzfahrtschiff-Erfahrung. In Käfers Wiesn-Schänke auf dem Münchener Oktoberfest haben die beiden sich vor 5 Jahren kennengelernt – bei der Arbeit, versteht sich. Sarah Paries stammt aus dem Ruhr-

gebiet – ihr ist es zu verdanken, dass sich André Segin irgendwo in der Nähe niederließ und sich letztendlich für unsere schöne Landeshauptstadt entschied. Und dass wir Düsseldorfer nun in den Genuss jener Speisen kommen, die er an den bisherigen Stationen seiner Karriere kennengelernt hat: darunter eine üppig bestückte Sylter Hummersuppe, die besonders gut schmeckt, wenn mal wieder ein frischer Wind um die benachbarten Gehry-Bauten pfeift, und Segin's Schlemmerschnitte vom Beef Tatar, beinahe schon ein Klassiker des Hauses. Und während am Abend mit Salzwiesenlamm, Steinbutt und zur Saison auch Wild Gourmettaugliches mit besten Produkten und in westfälisch-großzügigen Portionen angesagt ist, gibt es mittags beste Hausmannskost: Kalbsbratwürstchen und -frikadellen mit Rahmwirsing und Schnittlauchpü zum Beispiel, Königsberger Klopse, Matjes „leichte Hausfrauenart" sowie natürlich immer auch ein saisonal inspiriertes Pasta-Gericht.

Restaurant Segin's
www.restaurant-segins.de
Hafen, Kaistr. 18
Fon 8 30 84 48

Gebratene Wachtel
auf Bohnen-Pfifferling-Birnen-Rahm

CHEF-TIPP

„Die Füllung passt auch zu den meisten anderen Geflügelarten, sehr gut zum Beispiel zu Perlhuhn."

Zutaten für 4 Personen

Für die Füllung:

3 Weizen-Toasties (kleine Brötchen zum Auftoasten, findet man im Supermarkt beim Toastbrot)
2 große rote Zwiebeln
1 große Möhre
1 Knoblauchzehe
Butter zum Braten
Salz, Pfeffer
geriebene Muskatnuss
1 Zweig Estragon
60 ml Gemüse- oder Hühnerbrühe
1 Ei

4 Wachteln (vom Metzger oder Geflügelhändler hohl ausgelöst)
Butterschmalz zum Braten

Für den Bohnen-Pfifferling-Birnen-Rahm:
100 g dicke Bohnen (frisch aus der Schote oder TK-Ware)
1 feste Birne
100 g Pfifferlinge
1 rote Zwiebel
Butter zum Braten
150 g Sahne
trockener Weißwein
Salz, Pfeffer
ein paar Stängel Schnittlauch

🍷 UND WAS GIBT'S ZU TRINKEN?

Für Andre Segin passt zu diesem herbstlichen Gericht am besten ein Rotwein. Sein Tipp: der Urbulle von Metzger (Pfalz), ein kräftiger Tropfen aus der Portugieser Traube.

---

1 **Für die Füllung** die Toasties in kleine Würfel schneiden und auf dem Backblech im Ofen bei 140 Grad Umluft 30 Minuten trocknen. Zwiebeln, Möhre sowie Knoblauch schälen und fein würfeln. Gemüse samt Knoblauch in der Pfanne in etwas Butter bei mittlerer Hitze anschwitzen und glasig werden lassen. Mit Salz, Pfeffer und Muskat würzen. Estragonblättchen abzupfen und fein hacken. Brötchenwürfel aus dem Ofen nehmen, in eine Schüssel geben und mit der Brühe durchtränken. Gemüse und Estragon dazugeben und alles zusammen mit einem verquirlten Ei gut durchmengen.

2 **Die ausgelösten Wachteln** mit der Hautseite nach unten auf einem Brett ausbreiten. Salzen und pfeffern. Auf jede Wachtel in der Mitte 1/4 der Füllung geben, Seiten hochschlagen und die Vögel mit Küchengarn so zunähen, dass nichts von der Füllung herausfallen kann. Ofen auf 220 Grad vorheizen. Die Wachteln in einer ofenfesten Pfanne in Butterschmalz rundum anbraten, bis sie Farbe bekommen. In der Pfanne für 8 – 10 Minuten in den Ofen geben.

3 **Für den Bohnen-Pfifferling-Birnen-Rahm** die Bohnen in Salzwasser gar kochen (sie sollten noch Biss haben), abgießen, kalt abschrecken, abtropfen lassen und vorsichtig aus den weichen Häuten drücken. Birne waschen und vom Kerngehäuse befreien. Rund 100 g davon in gleichmäßig dünne Scheiben schneiden. Die Pfifferlinge putzen. Die Zwiebel schälen und würfeln.

4 Die Zwiebel in Butter anschwitzen. Pilze dazugeben und beides kurz ziehen lassen. Bohnen und Birnen ebenfalls in die Pfanne geben. Sahne zugießen. Alles gut durchschwenken und mit einem guten Schuss Weißwein, Salz und Pfeffer abschmecken. Vor dem Anrichten mit Schnittlauchröllchen bestreuen.

5 Wachteln aus dem Ofen nehmen und für 3 – 4 Minuten ruhen lassen. „Der normalerweise beim Braten austretende Saft zieht bei diesem Gericht so richtig schön in die Füllung," erläutert André Segin. Wachteln quer halbieren und auf dem Bohnen-Pfifferling-Birnen-Rahm anrichten.

Gänsebraten

vom Gänsepeter

Zutaten für 6 – 8 Personen

1 Gillbach-Gans (etwa 4 – 5 kg, küchenfertig)
Salz, Pfeffer
500 g säuerliche Äpfel (Boskoop), geviertelt ohne Kerngehäuse
500 g Zwiebeln, geschält und geviertelt
Abrieb von 1 Orange, Honig, Kräuter und Gewürze nach
Geschmack, z. B. Lorbeerblätter, Beifuß, Thymian,
Gewürznelken
Wasser oder Brühe, Rotwein
Nadel und Küchengarn zum Verschließen der Gans

Die Gans auf Innereien prüfen, waschen, Flomen (Bauchwandfett) entfernen, gut abtrocknen und von innen salzen und pfeffern. Nun die Gans mit den Apfel-, Zwiebelstücken sowie Kräutern und Gewürzen nach Geschmack füllen und mit Küchengarn verschließen. Die Gans mit der Brust nach unten in eine Fettpfanne legen. Das Fleisch mit gesalzenem Wasser oder Brühe angießen. Es sollte mehrere cm hoch mit Flüssigkeit bedeckt sein.
Die Gans im vorgeheizten Ofen bei 180 Grad (Unter-/Oberhitze, Umluft nicht empfehlenswert) auf der ersten Schiene von unten ca. 1 Stunde garen.
Dann die Gans wenden und an den Seiten und unterhalb der Keulen die Haut einstechen, so kann das Fett austreten. Damit die Fettpfanne nicht überläuft, gegebenenfalls den fettreichen Bratensud abgießen und auffangen. Den Braten immer wieder mit dem Sud bestreichen und nach Bedarf Wasser oder Brühe angießen.
Nach 2 weiteren Stunden Garzeit das Fleisch abermals bestreichen und die Hitze auf 200 Grad erhöhen. Die Gans nun ca. 20 Minuten bei 200 Grad bräunen lassen. Zuletzt die Gans ca. 3 – 5 Minuten durch Einschalten der Oberhitze oder Grillfunktion knusprig braten.
Die Gans herausnehmen. Den Bratensud abschöpfen, entfetten und mit Rotwein aufkochen lassen. Währenddessen die Gans bis zum Servieren in der Nachwärme des Backofens ruhen. Die Sauce mit Salz, Pfeffer, Orangenabrieb und Honig abschmecken und mit etwas Stärkemehl binden. Die Gans mit Hilfe eines Tranchierbestecks zerteilen und servieren.

Dazu passen Gänseei-Nudeln vom Gänsepeter und Rotkohl.

TIPP: Aus dem Gänseflomen und dem aufgefangenen Bratenfett lässt sich ein leckeres Gänseschmalz zubereiten.

Glückliche Gänse

Auf die Gillbach-Gänse vom Gänsepeter schwören die Köche guter Restaurants wie David Büchner und Michael Reinhardt (Seite 58 und Seite 62). Die Gänse sind Tag und Nacht draußen, stehen meist auf Maisfeldern. Kalt kann ihnen nicht werden: „Die haben ihre Daunenjacke ja an!", so Gänsepeter Peter Eßer (im Foto rechts, mit Familie).

Freilandhaltung, rein pflanzliches Futter ohne Gentechnik aus überwiegend eigenem Anbau und hofeigene Schlachtung garantieren beste Qualität. Auf Bestellung gibt es alles von der Gans: Brust (auch geräuchert) und Keule, Gänseleber, aber auch Eier, Schmalz, Rillettes, Sauce und natürlich ganze Vögel. Ebenfalls aus artgerechter Haltung vor Ort kommen Hähne und Enten. Außerdem: Daunen- und Federbetten aus eigener Herstellung und garantiert nicht aus Lebendrupf.

www.gaensepeter.de
Rommerskirchen-Ramrath, Kölner Str. 2, Fon 0 21 82. 87 17 73

Rheinisch-französische Freundschaft
IN DER BRASSERIE HÜLSMANN

Robert Hülsmann ist eine Legende in der Stadt: Jeder kennt Robert's Bistro, das er Ende der 1980er-Jahre eröffnete (und das inzwischen von zweien seiner Schüler betrieben wird, mittlerweile selbst erfahrene Küchenchefs). Robert hat ein aufregendes Leben hinter sich, das er in seinem eigenen Kochbuch äußerst unterhaltsam schildert; da erzählt er unter anderem, wie er im St. Moritzer Suvretta House den Schah von Persien und Fiat-Chef Agnelli bekochte – und erschreckte … Mit seiner ersten Frau Doris betrieb er unter anderem den Lindenhof in Büderich und in den 1970ern Roberts Restaurant auf der Oberkasseler Straße, für das er einen Stern bekam: „Ich musste erst nachlesen, was das überhaupt ist!" Heute lebt er in Belgien, steht aber an 4 Tagen in der Woche selbst am Herd der Brasserie.

Robert liebt vor allem die traditionellen und zuweilen deftigen Hausmannskost-Gerichte beider Nationalküchen. Natürlich kann man bei Hülsmanns in lebendiger und unprätentiöser Brasserie-Atmosphäre auch Feines genießen wie Jakobsmuschel-Carpaccio, Steinbutt und Hirschrücken mit der berühmten Nougat-Chili-Sauce sowie natürlich Meeresfrüchte und Krustentiere in großer Auswahl. Doch Herzhaftes wie Himmel und Ähd und

Cassoulet, Tafelspitz und Pot au Feu, Linsen mit Lyoner und Kalbsbäckchen sind die eigentlichen Renner der Karte. Und wo sonst bekommt man noch Kalbsnierchen, -kopf, -zunge und -bries, Entenmägen- Confit und Andouillette oder gar Panhas? Wer auf traditionelle Wurstwaren steht, ist hier erst recht genau richtig: Alle Pasteten, Terrinen, Würste und Sülze werden von Robert und seinem Hausmetzger Günter Kliche in der Wurstküche im Keller der Brasserie hergestellt (Seite 85). Schließlich entstammt Robert einer westfälischen Metzger- und Gastronomen-Dynastie – er weiß, was schmeckt.

Brasserie Hülsmann
www.brasserie-huelsmann.de
Oberkassel, Belsenplatz 1
Fon 86 39 93 30

Nierchen in ABB-Senf-Sauce

CHEF-TIPP

„Zum Braten der Nierchen sollte man mit dem Pflanzenöl großzügig sein, denn so setzen sie nicht in der Pfanne an."

Zutaten für 4 Personen

Für die Sauce:
4 Schalotten
Pflanzenöl zum Braten
400 ml Demiglace
(Fertigprodukt oder selbst gemacht, Seite 141)
2 EL ABB-Senf
2 TL Senfpulver
2 Prisen Salz
2 Prisen geschroteter Chili
4 Prisen Zucker
1/2 EL Currypulver
4 EL Sahne
1 Prise gekörnte Gemüsebrühe

Für die Nierchen:
800 g küchenfertige Nierchen
Salz, Pfeffer
Mehl
3 Schalotten
1 EL Butter

1 **Für die Sauce** die Schalotten schälen, fein würfeln und in einer Kasserolle in etwas Pflanzenöl bei mittlerer Hitze anschwitzen. Demiglace zu den Zwiebeln geben und leicht köcheln lassen. Erst den Senf, dann das Senfpulver, Salz, Chili, Zucker und Curry einrühren. Schließlich die Sahne angießen. Die Sauce mit gekörnter Brühe abschmecken und warmstellen.

2 **Die Nierchen** mit Salz und Pfeffer würzen und mehlieren. Die Schalotten schälen und fein würfeln. Die Nierchen in reichlich Pflanzenöl in der Pfanne rundum maximal 3 Minuten braten. Dann samt Öl in ein Sieb gießen und das Fett gut abtropfen lassen. Die Butter in der Pfanne zerlassen und die Nierchen mit den Schalotten darin ausschwenken.

Dazu passen Tomaten, gehäutet, geviertelt, entkernt und blanchiert, Kartoffelpüree und schön bissfest gegartes Gemüse wie Brokkoli, Blumenkohl und Möhren.

UND WAS GIBT'S ZU TRINKEN?

Die Hülsmanns empfehlen dazu ein kühles Uerige oder einen guten Rotwein.

Japanische Saucen

von Ryuchiro Kuwana

Teriyaki-Sauce

10 g Kombu-Algen
400 ml Sojasauce
400 ml Sake (japanischer Reiswein)
200 ml Mirin (süßer japanischer Reiswein)
370 ml Wasser
250 g Zucker
40 g Balsamico-Creme
2 EL italienische Kräutermischung
35 g Mondamin

Die Kombu-Algen 12 Stunden in Wasser einweichen, danach das Wasser abgießen. Sojasauce, Sake, Mirin sowie 300 ml Wasser mit den Algen in einen Topf geben. Alles aufkochen lassen. Zucker, Balsamico-Creme und Kräuter hinzufügen. Sobald der Zucker aufgelöst ist, den Topf vom Herd nehmen und das Ganze einige Stunden ziehen lassen.

Anschließend die Algen entfernen, die Flüssigkeit erneut aufkochen und reduzieren lassen. Das Mondamin mit 70 ml Wasser verquirlen und in die Sauce einrühren. Diese bei niedriger Hitze ca. 5 Minuten köcheln lassen, bis sie schön eingedickt ist.

In eine Flasche abgefüllt hält die Sauce im Kühlschrank gut 3 Wochen. „Sie lässt sich für alles Mögliche verwenden. Man kann sie bestens zum Schluss über gebratene Hähnchenschenkel geben oder Grillgut kurz vor Ende der Garzeit damit einpinseln", empfiehlt Ryuchiro Kuwana. Wer weniger Sauce haben möchte, kann die Zutatenmengen natürlich auch halbieren.

Soja-Sesam-Dressing

60 g Sesampaste (Tahini)
20 g gerösteter Sesam
30 g Honig (vorzugsweise flüssiger Waldhonig)
70 g Zucker
10 g milder Düsseldorfer Senf
20 g Röstzwiebeln
220 ml Sojasauce
100 ml weißer Reisessig
(alternativ weißer Balsamico)
100 ml Apfelsaft
350 ml gutes Rapsöl
10 ml Sesamöl

Sesampaste, Sesam, Honig, Zucker, Senf und Röstzwiebeln in den Mixer geben. Sojasauce, Essig und Apfelsaft dazugießen und alles kurz durchmixen. Rapsöl und Sesamöl miteinander verrühren. Mixer erneut einschalten und das Öl langsam in dünnem Strahl einfließen lassen. So entsteht ein schönes homogenes Dressing. Im Kühlschrank hält es sich gut 3 Wochen.

Demiglace

nach Robert Hülsmann

Zutaten für 4 Personen

500 g geräucherter Speck
2 kg Kalbsknochen, grob zerteilt
150 g Schweineschmalz
1 Sellerieknolle
3 Möhren
3 große Zwiebeln, ungeschält
3 EL Tomatenmark
500 ml Rotwein
2 l gute Brühe
10 Lorbeerblätter
1 EL Paprikapulver
2 EL Mondamin
Salz, Pfeffer

Den Backofen auf 200 Grad vorheizen. Speck grob würfeln und mit den Knochen im Schweineschmalz in einer großen Kasserolle oder einer Bratreine in der Backröhre rösten.

Gemüse – bis auf die Zwiebeln – schälen, grob würfeln, zu Knochen und Speck geben und mitrösten, bis es Farbe bekommt. Tomatenmark dazugeben, anschwitzen und alles mit Rotwein ablöschen.

Nun alles in einen großen Topf umfüllen, mit Brühe aufgießen, Gewürze hinzugeben und 4 Stunden köcheln lassen.

Den Fond durch ein Sieb passieren, entfetten, nochmals aufkochen und mit Mondamin binden. Mit Salz und frisch gemahlenem Pfeffer abschmecken.

! Die Demiglace (dunkle Sauce) ist eine hervorragende Basis für viele weitere Saucen. Zum Beispiel für Senfsauce zu Nierchen (Seite 136).

Gemüse

Faridehs Gemüsegarten
IM RESTAURANT BERENS AM KAI

Sie lernten sich bei einer Party kennen: Jeder Gast brachte etwas zu essen mit, Farideh einen Salat. Den sah und probierte Holger Berens, über dessen Restaurant Berens am Kai schon damals ein Michelin-Stern strahlte, und beschloss: „Den will ich für mein Restaurant haben". Das war 2007. Seither radelt Farideh regelmäßig in den Düsseldorfer Hafen und bringt Holger Berens frisches Gemüse, Kräuter und essbare Blüten aus ihrem Garten, der sich mitten in Bilk befindet. Dort zieht sie Pflanzen, von denen auch gewiefte Genießer noch nie zuvor etwas gehört haben. Melde zum Beispiel, die man früher auch im Rheinland statt Spinat aß. Inzwischen versorgt sie weitere Düsseldorfer Spitzenköche wie unter vielen anderen Jean-Claude Bourgueil und André Segin mit ihren pflanzlichen Delikatessen.

Die gebürtige Teheranerin kam Ende der 1980er-Jahre nach Deutschland, um an der Düsseldorfer Kunstakademie bei Fritz Schwegler und Markus Lüpertz zu studieren. „Damals gab es hier kaum gute Kräuter zu kaufen, wie ich sie aus meiner Heimat gewohnt war." Also zog sie selbst welche, mietete sich beim Gartenbaubetrieb Paul Wolf ein kleines Äckerchen und legte los. Aus dem Äckerchen wurde bald ein Beinahe-Acker: „Jedes Jahr hat sie irgendetwas Neues", sagt Holger Berens, der

Faridehs Erzeugnisse, zugleich Augen- und Gaumenschmaus, mit Leidenschaft einsetzt: Mit teils exotisch anmutenden Kräutern und essbaren Blüten in allen Farben verleiht er seinen sterngekrönten Kreationen einen ganz besonderen Kick. Berens hat das Kochen in den Genen: Sein Vater betrieb das Paderborner Hotel Zur Mühle; er zählte zu den ersten Köchen, die die gehobene französische Küche nach Deutschland brachten. Holger Berens machte dort seine Ausbildung zum Koch, nachdem er schon eine zum Metzger hinter sich gebracht hatte, zog dann nach Düsseldorf, um bei Günter Scherrer im Ein-Sterne-Restaurant Victorian zu arbeiten, wechselte anschließend zu Jean-Claude Bourgueil ins Schiffchen (damals drei Sterne). 1992 machte er sich in Golzheim mit dem Restaurant An'ne Bell selbstständig; seit 1998 residiert er nun schon mit seinem klassisch-modern eingerichteten Restaurant an prominenter Stelle im Düsseldorfer Medienhafen, nur wenige Kilometer von Faridehs Garten entfernt.

Berens am Kai
www.berensamkai.de
Hafen, Kaistr. 16
Fon 3 00 67 50

Faridehs Gemüsegarten
mit persischem Joghurt

CHEF-TIPP

„Der persische Joghurt verleiht gedünstetem Gemüse einen ganz besonderen Geschmack."

Zutaten für 4 Personen

Für das Rote-Bete-Püree:
3 – 4 mittelgroße Knollen Rote Bete
Gemüsebrühe
Butter

Für den persischen Joghurt:
400 ml Milch
2 – 3 Fäden Safran
5 Korianderkörner
100 g vollfetter Joghurt
Salz, Pfeffer

Für den Gemüsegarten:
Gemüse nach Belieben:
grüne Bohnen
Kohlrabi
Mangold
Rote Bete
Topinambur
Garten- und Gemüse-Amaranth*
milde Chili
Lauchzwiebeln
Minikürbis
Zucchini
Kirschtomaten
Salz, Pfeffer
Olivenöl zum Braten
essbare Blüten (z. B. von der Kapuzinerkresse)

1 **Für das Rote-Bete-Püree** die Knollen in Alufolie wickeln und bei 180 Grad im vorgeheizten Ofen ca. 2 Stunden garen, bis sie weich sind. Die Schalen abziehen, die Beten in Stücke schneiden und mit etwas Gemüsebrühe und Butter pürieren. Warm stellen.

2 **Für den persischen Joghurt** die Milch aufkochen, Safranfäden und zerstoßene Korianderkörner dazugeben und das Ganze eine Weile ziehen lassen. Milch durch ein Sieb gießen und, wenn sie erkaltet ist, mit dem Joghurt verrühren. Mit Salz und Pfeffer abschmecken.

3 **Für den Gemüsegarten** sollten Kohlrabi, Zucchini und Co. noch möglichst jung, klein und zart sein. Noch besser ist es, wenn man beim Gemüsehändler oder im Feinkostgeschäft entsprechende Minivarianten bekommt. Ansonsten schneidet man die Gemüse in kleine Stücke. Bohnen, Kohlrabi, Mangold, Rote Bete und Topinambur dann jeweils separat bissfest garen und vor dem Servieren zusammen mit den Blättern und Blüten des Amaranth in gutem Olivenöl in der Pfanne anschwenken. Parallel dazu schmort man die restlichen Gemüse (Chili, Lauchzwiebeln, Kürbis, Zucchini) in einer separaten Pfanne ebenfalls al dente und fügt zum Schluss die Kirschtomaten hinzu. Alle Gemüse final mit Salz und Pfeffer abschmecken.

4 Schließlich das Rote-Bete-Püree gleichmäßig auf den Tellern verteilen, flachstreichen, die Gemüse sorgsam darauf anrichten und nach Wunsch mit essbaren Blüten ausdekorieren. Mit ein paar Löffeln vom persischen Joghurt anrichten.

UND WAS GIBT'S ZU TRINKEN?

Holger Berens empfiehlt einen guten deutschen Riesling.

Mitten in Bilk
Faridehs Gemüse- und
Kräutergarten

Faridehs Kräuter- & Gemüsegarten

„Schon mal Kornblume oder Taglilie probiert?", fragt Farideh uns bei unserem Besuch in ihrem Garten und reicht uns eine Kostprobe nach der anderen.

Ananasminze, Thaibasilikum und Zitronenthymian kennen Kräuterfans und Hobbygärtner mittlerweile aus jedem gut sortierten Gartenmarkt. Aber was hier neben Altbekanntem unter Faridehs sorgsamer Obhut gedeiht, lässt staunen. Auf dem Gelände einer Gärtnerei mitten in Bilk sät, pflanzt und pflegt sie im Gewächshaus und auf Freilandbeeten grüne wie farbenfrohe Gaumen- und Augenschmeichler aus aller Herren Länder. Beinahe jeden Tag sieht sie hier nach dem Rechten. Da ranken koreanische, persische und Weißgurke um die Wette, verströmen Orangentagetes und Agastache ihren zarten Duft, wuchern leuchtend rot und gelb knackige Miniaturtomaten und diverse Chilisorten. Eiskraut, Oxalis, Magentamelde – die heißt so, weil sie tatsächlich in kräftigem Magenta leuchtet – und Portulak liefern üppiges Blattgrün und -pink, das jedem Salat mit seinen frischer oder leicht herben Aromen eine ganz besondere Note verleiht. Aus den vielen essbaren Blumen, die hier ihre zarten Köpfchen der Sonne entgegenrecken, ließe sich ein großer, bunter Strauß binden.

Ihre Sämereien bezieht die erfahrene Kräuterfee, die bei Markus Lüpertz und Fritz Schwegler an der Düsseldorfer Kunstakademie studierte und nach wie vor auch als Künstlerin arbeitet, aus dem In- und Ausland, zum Beispiel aus den Niederlanden oder auch aus Paris und von Händlern, die auf seltene und exotische, auf alte und teils fast vergessene Gemüse- und Kräuterpflanzen spezialisiert sind. Zu ihren Quellen gehört auch die Arche Noah, ein gemeinnütziger Verein, der sich der Sortenvielfalt und Erhaltung gefährdeter Kulturpflanzen verschrieben hat. Für alle, die ihren Küchengarten bereichern möchten, haben wir von Farideh drei spannende Bezugsquellen erfahren:

www.ruehlemanns.de
www.bingenheimersaatgut.de
www.arche-noah.at

Vegan mit Speckaroma
IM RESTAURANT AMANO VERDE

Ein elegantes Hotelrestaurant in warmen Rot- und Holztönen, mit allem Sch(n)ick und Schnack und entspannter Atmosphäre, das zum Fine Dining lädt. Ein gläserner, begehbarer Weinschrank, in dem sich zahlreiche gute und sehr gute Tropfen zur Speisebegleitung empfehlen. Und eine appetitanregende Speisekarte, die mit Leckereien wie gebackenem Ziegenkäse an Kräutersalat mit Walnüssen, hausgemachtem Kichererbsen-Süßkartoffel-Curry mit frischem Gemüse, Riesengarnelen auf Süßkartoffelpüree oder auch Rinderspießen an Kartoffel-Rosmarin-Gratin verlockt. Und doch ist hier einiges anders als in vergleichbaren Restaurants: Hier wird vegetarisch und vegan gekocht.

Der gerade mal 28-jährige Küchenchef Dennis Riesen ist selbst überzeugter Veganer – weniger aus gesundheitlichen denn aus Tierschutzgründen – und weil er seinen Beruf leidenschaftlich liebt, entwickelt er immer wieder neue saisonale Gerichte, die auch ohne den Einsatz tierischer Produkte großen Genuss bereiten. Seine „Riesengarnelen" sind aus Yams-Wurzel gemacht, bekommen ihre typische Farbe durch Paprika und schmecken so, als habe man sie gerade aus

dem Wasser gezogen. Seine „Rinderspieße" basieren auf Soja-Protein und erhalten durch eine von ihm entwickelte Marinade mit Shiitake-Pilzen ein kräftiges Fleischaroma. Das Rezept für diese Marinade bleibt sein Geheimnis. Doch als Düsseldorfer Urgestein – er wurde in der Landeshauptstadt geboren, begann mit 16 Jahren seine Ausbildung im Malkasten-Restaurant und setzte seine Karriere fast ausschließlich an Düsseldorfer Herden fort – hat er für dieses Buch eigens ein Gericht entwickelt, in dem ABB-Senf und Altbier eine geschmackstragende Rolle spielen. Da das Amano Verde täglich geöffnet ist, hat Dennis Riesen kaum noch Freizeit – wenn aber doch, dann geht er zur DEG oder spielt selbst Eishockey. Und wo wohnt ein leidenschaftlicher DEG-Fan? Im Zooviertel natürlich, unweit des ehemaligen Stadions. PS: Im gläsernen Weinschrank stehen selbstverständlich auch vegane Weine in großer Auswahl bereit.

Restaurant Amano Verde
www.radissonblu.de/mediaharbourhotel-duesseldorf
Hafen, Hammer Str. 23
Fon 3 11 19 10

🍷 **UND WAS GIBT'S ZU TRINKEN?**

Weißburgunder, komplex, fruchtbetont, doch nicht zu aufdringlich, passt wunderbar. Es empfiehlt sich beispielsweise das Große Gewächs vom Gut Münzberg aus der Pfalz.

Wirsingroulade

mit Kartoffel-Birnen-Ragout & Altbierreduktion

CHEF-TIPP

„Für dieses Gericht empfiehlt sich Räuchertofu, weil er ein feines Speckaroma hat."

Zutaten für 4 Personen

Für die Wirsingrouladen:
1 Wirsing
2 Schalotten
2 Knoblauchzehen
100 g Räuchertofu
5 kleine Essiggurken
Öl zum Braten
1 TL ABB-Senf oder nach Belieben mehr
Muskat
gehackte glatte Petersilie nach Geschmack
Salz, Pfeffer
Sojabutter

Für das Kartoffel-Birnen-Ragout:
400 g Drillinge
1 rote Zwiebel
3 Frühlingszwiebeln
5 getrocknete Tomaten
2 nicht zu weiche Birnen
3 EL ABB-Senf
50 ml Gemüsebrühe
Salz, Pfeffer
gehackte glatte Petersilie nach Geschmack
Pflanzenöl

Für die Altbierreduktion:
300 ml Altbier
(aus einer der Düsseldorfer Hausbrauereien)
80 g Zucker
1 Wacholderbeere
1 Lorbeerblatt
1 EL dunkler Balsamico
1 EL Speisestärke

1 **Für die Rouladen** die äußeren Blätter des Wirsings entfernen. Acht größere Blätter vom Strunk schneiden und in ausreichend Salzwasser nach und nach blanchieren. Die zarteren Innenblätter brauchen ca. 3, gröbere gute 5 Minuten. Wirsingblätter anschließend in einer Schlüssel mit Eiswasser abschrecken und auf Küchenpapier gut abtropfen lassen.

2 **Für die Füllung** einige Blätter in feine Streifen schneiden. Schalotten und Knoblauch fein würfeln. Den Räuchertofu und die Essiggurken in etwas größere Würfel schneiden. Schalotten und Knoblauch in etwas Öl in der Pfanne anschwitzen. Wenn die Zwiebeln glasig sind, nacheinander Wirsingstreifen, Räuchertofu und Gurken dazugeben. Die Mischung bei moderater Hitze garen, bis der Wirsing weich wird. Mit 1 TL ABB-Senf sowie Salz, Pfeffer und Muskat abschmecken. Vorsicht beim Salzen: Der Räuchertofu sowie der Senf sorgen bereits für merkliche Würze. Zum Schluss alles mit gehackter Petersilie und Sojabutter durchschwenken.

3 Wirsingblätter auf einer Arbeitsfläche ausbreiten und den groben Strunk herausschneiden. Füllung gleichmäßig auf die Blätter verteilen, diese an den Seiten einschlagen und aufrollen. Die Rouladen müssen zum Schluss nur in einem geschlossen Topf mit ein wenig Wasser kurz erhitzt werden.

4 **Für das Kartoffel-Birnen-Ragout** die Drillinge in Salzwasser bissfest garen, am besten kocht man sie einige Stunden im Voraus oder am Vortag. Drillinge vierteln. Rote Zwiebel in Streifen, die Frühlingszwiebeln in feine Ringe schneiden. Die getrockneten Tomaten eine Weile in warmem Wasser weich werden lassen und dann in Streifen schneiden. Birnen vierteln, Stielansatz und Kerngehäuse entfernen und in dünne Spalten schneiden. Zwiebeln in einer Pfanne in Öl anschwitzen. Dann nacheinander Tomatenstreifen, Kartoffeln und Frühlingszwiebeln dazugeben. Senf unterrühren und Birnenspalten zufügen. Alles mit einem guten Schuss Gemüsebrühe ablöschen und mit Salz und Pfeffer abschmecken. Mit gehackter Petersilie garnieren.

5 **Für die Altbierreduktion** alle Zutaten mit Ausnahme der Speisestärke in einen Topf geben, umrühren und zum Kochen bringen. Hitze herunterschalten, denn die Flüssigkeit kann schnell überschäumen. Diese nun vorsichtig auf die Hälfte reduzieren. Die Speisestärke in Wasser auflösen und damit nach und nach die Reduktion binden, bis sie die gewünschte Konsistenz hat.

Tofu & Co.

Sie sind aus der vegetarischen und veganen Küche nicht wegzudenken: Sojaprodukte liefern beim Verzicht auf Fleisch, Fisch und Milch die für uns so wichtigen Proteine. Das Multitalent Tofu wird je nach Verarbeitung gern und oft als Fleischalternative verwendet, ebenso der ihm verwandte Tempeh. Auch der aus Weizen hergestellte Seitan sorgt unter anderem dafür, dass man bei den derzeit angesagten Veggie-Burgern echtes Hack nicht vermissen muss.

Tofu gibt es vermutlich schon seit bald 2000 Jahren. Mit der Verbreitung des Buddhismus wurde er zu einem wichtigen Grundnahrungsmittel Asiens. Der Name – To steht für Bohne, fu für Gerinnung – leitet sich von seiner Herstellung ab. Das aus den Sojabohnen gewonnene Eiweiß wird gepresst – je nach Stärke der Pressung bekommt der Tofu eine weiche oder festere Konsistenz. Aber egal, ob noch feuchter Seidentofu oder nahezu getrocknete schnittfeste Sorte, der Sojaquark hat von Natur aus wenig Geschmack. Was mancher als fade empfindet, macht durchaus eine seiner Stärken aus: mariniert oder geräuchert, verschieden gekräutert und gewürzt, mit Gemüsen oder Nüssen versetzt, nimmt er bereitwillig alle möglichen Aromen an und ist in der Küche universell einsetzbar. Sein Eiweißgehalt toppt locker den tierischer Produkte, dabei ist er fett- wie kalorienarm und frei von Cholesterin.

Das ebenfalls aus Soja hergestellte Tempeh stammt ursprünglich aus Indonesien. Dafür werden eingeweichte und gedämpfte Sojabohnen durch Zusatz eines essbaren Schimmelpilzes fermentiert. Ähnlich wie Tofu legt man das etwas körnige Tempeh in würzige Saucen ein, kann es braten oder frittieren. Es hat einen zwar milden, dennoch nussigen und pilzartigen Eigengeschmack, ist ebenfalls eine gute Eiweißquelle und enthält zudem reichlich Ballaststoffe.

Seitan entsteht aus dem Klebereiweiß (Gluten) von Weizenmehl. Durch langes Kneten unter Wasser wird dem Mehl nach und nach alle Stärke entzogen, bis nur noch eine eiweißreiche Masse zurückbleibt. Sie erhält durch Garen in verschiedenen Marinaden den gewünschten Geschmack. Mit seiner speziellen Konsistenz erinnert Seitan erstaunlich täuschend an Fleisch.

Der japanische Garten
im Nordpark (Seite 92)

Kohl & Kraut: Typisch deutsch?

Von wegen: Kohl ist kein urdeutsches Gemüse und das Sauerkraut haben wir allen Klischees zum Trotz auch nicht erfunden. Kohlgemüse werden in ihrem großen Sortenreichtum rund um den Globus geerntet und gern gegessen. Sie sind nach den Tomaten heute das weltweit meist angebaute Gemüse überhaupt. Und obwohl man bei Kohl zuerst an herzhaft wohlige und magenwärmende Gerichte denkt, liegt seine Heimat im Mittelmeerraum. Aus der dort wachsenden Wildform begann man schon vor Jahrtausenden verschiedene Varianten zu züchten. Bereits die alten Griechen und auch die Römer wussten Kohl zu schätzen. Erst einige Jahrhunderte später eroberte er die nördlicheren Sphären Europas und war auch hierzulande bald nicht mehr vom Speiseplan wegzudenken. Im Anbau relativ anspruchslos, reichen ihm ein nährstoffreicher Boden und genügend Wasser, um gut zu gedeihen.

Besonders gern wurde und wird der robuste Weißkohl angepflanzt. Der hat es mit seinem hohen Vitamingehalt, reichlich Mineral- und Ballaststoffen wirklich in sich und war besonders in früheren Notzeiten ein sehr wertvolles Lebensmittel. Er ist hierzulande die meistangebaute Kohlsorte und macht sich auf der Hälfte der gesamten Anbaufläche in den beiden bedeutendsten Kohlregionen Schleswig-Holstein und Nordrhein-Westfalen breit. Neben China, Indien, Russland und der Ukraine gehört Deutschland denn auch zur internationalen Top Ten der Weißkohlproduzenten. Und natürlich wird der Weißkohl seit langer Zeit konserviert, also zu Sauerkraut gemacht und war so stets auch in kargen Zeiten verfügbar. Sauerkraut ist grundsätzlich einfach hergestellt: Der Kohl wird fein geschnitten, gesalzen und gestampft, was seine Zellwände zerstört und den Gärungsprozess in Gang setzt. Den erledigen natürlich Bakterien, die Milchsäure produzieren. Bedeckt von der Salzlake und ordentlich unter Druck gesetzt, damit aller Sauerstoff entweicht, dauert die Gärung mehrere Wochen. Anno dazumal machte jeder daheim sein eigenes Kraut. Im 19. Jahrhundert wurde die Sauerkrautherstellung dann industrialisiert. Deutschlands älteste Sauerkrautfabrik befindet sich in Neuss: Leuchtenberg gibt es seit 1861. Die Idee, Kohl und andere Gemüse so zu konservieren, können wir Deutschen uns aber auch nicht auf die Fahne schreiben. Darauf kam man in verschiedenen Regionen der Erde wohl unabhängig voneinander, denn Weißkohl kommt auch in der afrikanischen, chinesischen, koreanischen, türkischen und indischen Küche vor. Und mit dem Burger-Boom ist der in den USA so beliebte Coleslaw auch bei uns populär geworden.

Coleslaw

Krautsalat à la Richie 'n Rose

Zutaten für 4 Personen

Für den Salat:
2 Möhren
1 Fenchelknolle
nach Geschmack auch Rettich, Radieschen,
Kohlrabi, Sellerie
1 kleiner Weißkohl
1/2 Rotkohl
1/2 rote Zwiebel
1 Schalotte
weißer Balsamico
1 Prise Zucker
frische Kräuter nach Geschmack
(z. B. Minze, Dill, Petersilie, Kerbel)

Für das Dressing:
Saft von 1/2 Zitrone
250 g Joghurt (10 %)
50 g Sahne
2 EL Senf
Olivenöl
Meersalz, Pfeffer

Für den Krautsalat Möhren, Fenchel und nach Wahl auch Rettich, Radieschen, Sellerie und Kohlrabi in sehr feine Streifen schneiden und in eine Schüssel geben. Kohl, Zwiebel und Schalotte so dünn wie möglich schneiden respektive hobeln. Die Kräuter hacken. Alle Gemüse bis auf den Rotkohl miteinander, mit den Kräutern, einem Schuss weißem Balsamico und Zucker vermengen. Der Rotkohl kommt in eine separate Schüssel. „Der Rotkohl sollte extra angemacht werden, da er sonst den gesamten Krautsalat einfärbt. Er wird erst kurz vor dem Servieren unter den Rest gehoben", erläutert Richard Nicolaus.

Für das Dressing den Zitronensaft mit Joghurt, Sahne und Senf gut verquirlen und mit Olivenöl zu einem homogenen Dressing glatt rühren. Mit Salz und Pfeffer abschmecken.

Nun mit 2/3 des Dressings die Weißkohl-Gemüse-Mischung anmachen. Den Rest mit dem Rotkohl vermengen. Alles gut durchziehen lassen und mischen.

Bauernmarkt am Friedensplätzchen

Dürfen wir vorstellen? Frau Beate Schmitz

Jeden Freitag steht sie mit ihren Kollegen auf dem Bauernmarkt am Friedensplätzchen. Auf diesem Markt werden ausschließlich Produkte aus der Region angeboten: Gemüse und Obst, Milch, Butter, Käse und Eier, Geflügel und Fleisch, auch Lamm und sogar Räucherforellen sowie Honig aus Düsseldorf. Wenn Sie also Leckereien kaufen möchten, die nicht quer durch Europa gekarrt wurden, sind Sie hier genau richtig. Bei Frau Schmitz, genauer am Stand des Rheinischen Bauernmarktes e.V., gibt's nur Gemüse, das im Umkreis von maximal 80 Kilometern angebaut wurde und das gerade Saison hat: im Sommer zum Beispiel Bohnen und Tomaten – sogar grüne, und die schmecken! – im Winter dann Feldsalat, Pilze und natürlich Kohl. Welcher Bauer es wo angebaut hat, steht auf den Preisschildern. Regionales Gemüse mit Herkunftsbezeichnung – besser geht's nicht. Und wenn Sie mal Fragen zur Zubereitung haben – Beate Schmitz und ihre Kollegen helfen gerne weiter. Uns hat sie verraten, wie sie zu Hause für ihre hungrige Familie Stielmus kocht. Lecker lecker! **Rezept siehe nächste Seite**

Bauernmärkte im Düsseldorfer Stadtgebiet
Unterbilk, Friedensplätzchen, Di 8 – 13 & Fr 10 – 18 Uhr
Pempelfort, Kolpingplatz, Mi 9 – 13 & Sa 8.30 – 13.30 Uhr
Oberbilk, Lessingplatz, Do 8 – 13.30 Uhr

Stielmus mit Speck & Kartoffelstampf

von Marktfrau Beate Schmitz

Zutaten für 4 Personen

1,2 kg Stielmus
100 g Butter
2 – 3 große Zwiebeln, fein gewürfelt
250 g magerer geräucherter Speck, fein gewürfelt
1,2 kg Kartoffeln
Butter, Milch, Muskatnuss
Salz, Pfeffer

Für das Gemüse den Stielmus waschen, die Wurzel entfernen, Blätter und Stiele voneinander trennen und beides fein hacken.

Zwiebeln und Speck in der Butter anschwitzen – wie das duftet! Wenn die Zwiebeln glasig sind, zuerst die Stielmus-stängel hinzugeben und 2 – 3 Minuten garen.

Die Blättchen hinzugeben. Alles so lange garen, bis das Gemüse weich ist, aber noch etwas Biss hat.

Die Kartoffeln wie gewohnt kochen und zu einem Stampf verarbeiten. Mit dem Stielmus vermischen und mit Salz und Pfeffer abschmecken.

Stielmus? Rübstiel?

Es ist in der Tat ein sehr regionaltypisches Gemüse, denn es wird vornehmlich im Rheinland angebaut. Die meisten kennen es als Stielmus, mancher sagt auch Rübstiel. Mit Stielmus ist gemeint, was man daraus macht. Zu weichem Mus verkocht man das zarte Blattgemüse heute natürlich nicht mehr. Rübstiel besagt anschaulich, worum es sich eigentlich handelt: nämlich einfach um die Stiele von Rüben. Die werden dafür speziell angebaut. Weil man sie sehr dicht sät, kann unter der Erde die Wurzel, sprich die Rübe, erst gar nicht dick werden. Dafür schießen die Stiele oben umso üppiger und höher ins Kraut. Anders als bei der ebenfalls leckeren Verwandtschaft wie etwa den Mai- oder Teltower Rübchen geht es eben nicht um die Knolle, sondern um die zartgrünen Blätter. Das typische Frühjahrsgemüse hat einen fein-säuerlichen Geschmack und ist außerdem mit viel Vitamin A und C sowie reichlich Mineralstoffen auch noch sehr gesund. Es sollte allerdings sehr frisch und bald nach der Ernte verarbeitet werden.

Bes
& Hochgeistiges

Traum aus Frucht & Schokolade
IN DER PÂTISSERIE PASSION

Berufsträume können wahr werden, wenn man bereit ist, für deren Erfüllung hart zu arbeiten. Davon ist Antonia Majunke überzeugt. „Man braucht vor allem Leidenschaft!" Der Name ihrer geschmackvoll eingerichteten Pâtisserie, die sie gemeinsam mit ihrer Geschäftspartnerin Jela Salevic betreibt, kommt also nicht von ungefähr. Seit dem Mai 2012 bietet sie kleine, feine und aufwendig dekorierte Törtchen und verführerische Pralinen, hinreißende Petits fours und Eclairs, Gebäck, Tafelschokoladen und Fruchtaufstriche an, die sie in ihrer offenen Backstube von Hand herstellt. Man kann die kunstvollen Köstlichkeiten mit nach Hause nehmen – oder gleich vor Ort genießen, mit bestem Kaffee und Tee in zahlreichen Sorten, mit Ingwerlimo oder einem prickelnden Glas Sekt aus dem Rheingau, Edition Pâtisserie Passion vom Weingut Barth.

Antonia Majunke ist zwar erst 1984 geboren, hat aber schon eine lange Karriere hinter sich: Bereits im zarten Alter von 13 Jahren machte sie ein Praktikum in ihrem späteren Ausbildungsbetrieb, der Kölner Traditionskonditorei Printen Schmitz in Köln. Dann ging es hinaus in die Welt und in die Küchen renommierter Restaurants in Wiesbaden und in St. Moritz. Und immer noch wollte sie mehr lernen: Sie bewarb sich um ein Stipendium an der École Internationale de Pâtisserie in Perpignan, die der Weltmeister der Pâtissiers, Olivier Bajard, leitet – und bekam es. „Das war eine prägende Zeit, wir waren Schüler aus aller Herren Länder, auch aus Asien und Australien." Es folgte die Meisterschule in Köln und ein Abschluss zur Betriebswirtin des Handwerks, eine Auszeit in Peru, wo sie im Rahmen sozialer Projekte Waisenkinder im Backen unterrichtete, ein Intermezzo als Beraterin für die Gastronomie – und dann endlich das eigene Ding. Die Kölnerin ließ sich in Düsseldorf nieder, denn „die Stadt ist kulinarisch auf hohem Niveau, die Düsseldorfer gehen viel aus und schätzen gutes Essen." Zum Beispiel das liebevoll zubereitete Frühstück, das Antonia Majunke anbietet, ihre Quiches zum Mittag und all die süßen Verführungen sowieso. Gerne berät sie Hochzeitspaare bei der Auswahl süßer Köstlichkeiten für das Fest und gibt ihr Wissen im Rahmen von Kursen an Laien weiter. Leidenschaft ist immer dabei.

Pâtisserie Passion
www.patisseriepassion.de
Pempelfort, Kaiserstr. 34 a
Fon 17 83 55 63

Mirabellen-Schokoladen-Törtchen

CHEF-TIPP

„Für das Törtchen eignen sich auch Himbeeren und schwarze Johannisbeeren. Für das Johannisbeerpüree statt Zitrone Mineralwasser verwenden."

Zutaten für 4 Personen

Für den Crumble-Boden:
1 unbehandelte Orange
1 unbehandelte Limette
1/2 Tonkabohne*
300 g Weizenmehl
200 g Butter oder vegane Margarine
110 g Vollrohrohrzucker
1/4 TL Zimt

Für die Mirabellen-Ganache*:
450 g dunkle Kuvertüre mit 75 % Kakaoanteil
ca. 1 kg Mirabellen, entsteint
20 ml Zitronensaft
50 g Vollrohrohrzucker
je 1 Msp. geriebene Tonkabohne* und Zimt
400 g Butter oder vegane Margarine
1 Tütchen Tortenguss

Für das Mirabellenkompott:
15 g Vollrohrohrzucker
16 Mirabellen, entsteint
20 ml Zitronensaft
1/2 Tonkabohne*

---

1 **Für den Crumble-Boden** den Backofen auf 170 Grad vorheizen. Die Schalen der Orange und Limette dünn abreiben. Die halbe Tonkabohne sehr fein reiben. Mehl, Butter in Stücken, Vollrohrohrzucker, Zitrusabrieb, Tonkabohne und Zimt in der Küchenmaschine oder mit dem Handmixer zu einem Teig verarbeiten. Ein Backblech mit Backpapier auslegen. Den Teig zerbröseln, auf das Backpapier streuen und ca. 20 Minuten backen, bis der Crumble goldbraun geworden ist.

2 **Für die Mirabellen-Ganache** die Kuvertüre grob zerstückeln und in eine Schüssel geben. Die entsteinten Mirabellen mit etwas Wasser aufkochen, Hitze reduzieren und die Früchte weich dünsten. Die Fruchtmasse durch ein Sieb streichen. 430 g des Fruchtpürees in einem Topf mit Zitronensaft, Zucker, Tonkabohne und Zimt erhitzen, bis es anfängt zu sieden. Das heiße Fruchtpüree nach und nach in drei Portionen zur Kuvertüre gießen und mit dieser zu einer Schokoladencreme glatt rühren. Butter oder Margarine mit dem Handmixer oder der Küchenmaschine cremig schlagen. Schokocreme zur Butter geben und verrühren.

3 Dessertringe (ideal sind 7 cm Durchmesser und 3 cm Höhe) auf ein Blech oder Tablett mit Backpapier setzen und etwas vom Crumble als gleichmäßigen Boden hineinstreuen. Mit dem Spritzbeutel die Schokoladencreme in die Ringe füllen, oben glatt streichen und gut 2 Stunden in den Kühlschrank stellen. Aus 100 g des restlichen Mirabellenpürees und handelsüblichem Tortenguss nach Packungsvorschrift eine Glasur herstellen.

4 **Für das Mirabellenkompott** Zucker in der Pfanne schmelzen und karamellisieren lassen. Früchte vierteln und mit Zitronensaft zum Zuckerkaramell geben. Alles durchschwenken und rund 1 Minute köcheln lassen. Die Früchte sollten noch Biss behalten. Tonkabohne darüberreiben und das Kompott kalt stellen.

5 Schokotörtchen aus der Kühlung nehmen, aus den Dessertringen lösen und mit der Glasur bestreichen. Nach Geschmack mit dem Kompott, etwas Crumble und Schokoladenstückchen toppen. „Das Ganze ist vom Crumble bis zur Ganache viel einfacher gemacht, als man zunächst glaubt, auch für Amateure", versichert Antonia Majunke. Recht hat sie.

🍷 UND WAS GIBT'S ZU TRINKEN?

Zum Törtchen passt in jedem Fall ein guter Kaffee oder Espresso – egal ob zum Dessert am Mittag oder nachmittags. Und vielleicht ein kleiner Mirabellenlikör …

Malerische Streuobstwiesen
& ein kaiserlicher Apfel

Auch im 19. Jahrhundert verstand man schon was von gewieftem Marketing: Ein Obstkundler entdeckte anno 1864 im Gutshofgarten des in der Urdenbacher Kämpe gelegenen Hauses Bürgel – heute unter anderem Sitz der Biologischen Station, die sich um die Landschaftspflege des Gebietes kümmert – einen neuen Apfel, der bis heute Kaiser-Wilhelm-Apfel genannt wird. Der Apfel-Experte ließ dem damals regierenden Kaiser Wilhelm I. einige Exemplare zukommen und fragte „unterthängist" an, ob die wohlschmeckende Sorte dessen Namen tragen dürfe. Ihre Majestät willigte nach einer Kostprobe ein – was die Sorte populär machte und für ihre Verbreitung in ganz Deutschland sorgte. Wegen ihres speziellen Wuchses für den Plantagenanbau ungeeignet, geriet sie später zunehmend in Vergessenheit. Nicht so in der Urdenbacher Kämpe, wo man die Sorte weiterhin hegt und pflegt.

Die Urdenbacher Kämpe zeigt sich von einer ihrer schönsten Seiten, wenn im Frühjahr auf den ausgedehnten Streuobstwiesen die Apfel- und Birnbäume in voller Blüte stehen. Sie bestimmen seit Ende des 19. Jahrhunderts das dortige Landschaftsbild erheblich mit. Für die Bauern war der Obstanbau ein praktischer Nebenerwerb. Urdenbach hatte sogar einen kleinen Hafen, von dem aus die Früchte nach Neuss verschifft wurden. Den größten Teil des Obstes verarbeitete man zu jener streichfähigen, dunkelbraunen und fruchtig-süßen Masse, die man heute vor allem als Brotaufstrich kennt: Apfel- und Birnenkraut, damals als Süßungsmittel die erschwingliche Alternative zur Luxusware Zucker, und beinahe in jedem Dorf des Rheinlandes gab es eine oder mehrere Krautpressen. Neben dem lukrativen Obstanbau dienten die Wiesen mit ihren Hochstammbäumen auch der Heugewinnung und als Viehweiden. Anders als in Plantagen, in denen niedrige und damit leichter zu bearbeitende Bäume nach Sorten gegliedert und vergleichsweise dicht Spalier stehen, verteilen sich auf Streuobstwiesen die hochgewachsenen Obstbäume locker und in gebührendem Abstand. Das macht bei Schnitt und Ernte zwar mehr Arbeit, ist deswegen für den konventionellen Anbau zu unwirtschaftlich, ermöglicht aber eine größere Sortenvielfalt und sieht einfach malerisch aus. Über 50 verschiedene vor allem alte, teils seltene und etliche typisch rheinische Apfel- und Birnensorten wachsen in der Kämpe. Darunter auch echte regionale Raritäten: Die Birne Gärling, der Rheinische Tulpenapfel sowie die Luxemburger Renette, ebenfalls ein Apfel, sind außer an ein, zwei anderen Standorten in NRW nur hier zu finden.

Fortsetzung auf der nächsten Seite

Star auf den Obstwiesen ist allerdings nach wie vor die Apfelsorte Kaiser Wilhelm. Es gibt sogar einen reinsortigen Kaiser-Wilhelm-Brand, einen von drei Bürgeler Obstbränden, die aus den hier geernteten Äpfeln und Birnen destilliert werden. Rund 10 Tonnen Ertrag bringen die Obstbäume der Kämpe alljährlich. Ein Teil davon kann jeden ersten Freitag im Oktober beim Haus Bürgel erworben werden. Das Obst wird außerdem zu Saft oder eben zu leckerem Schnappes gemacht.

Weitere Infos auch zum Verkauf von Apfelsaft, alten Obstsorten und Obstbränden: www.biostation-d-me.de

Apfelpfannkuchen mit Krokantsahne

von Nadine Mertens

Zutaten für 4 Personen

Für die Krokantsahne:
1 EL Butter
1 EL Zucker
2 EL gehackte Haselnüsse
150 ml Sahne

Für die Pfannkuchen:
3 Eier
200 g Mehl
2 EL Zucker
250 ml Milch
1/2 TL Salz
2 – 3 Äpfel
Öl oder Butter für die Pfanne
Zimtzucker zum Bestreuen

Für den Krokant die Butter mit dem Zucker hellbraun karamellisieren.

Haselnüsse untermengen. Auf Backpapier abkühlen lassen.

Sahne steif schlagen und mit dem Krokant vermengen.

Für die Pfannkuchen zwei Eier trennen. Das dritte Ei mit den zwei anderen Eigelben und den restlichen Zutaten zu einem glatten Teig verrühren. Eiweiß steif schlagen und mit einem Holzlöffel unter den Teig heben

Die Äpfel waschen und mit einem Apfelausstecher das Kerngehäuse entfernen. Die Äpfel in dünne Scheiben schneiden.

Aus dem Teig vier Pfannkuchen backen, dabei nach je ca. 1 Minute mit den Apfelringen belegen und knusprig backen. Vorsichtig wenden und goldbraun backen.

Mit Zimtzucker bestreuen und mit einem Klecks Krokantsahne servieren.

An Apple a day ...

Der Familienbetrieb Obsthof Mertens baut seit den 1950er-Jahren frisches und gesundes Obst an: Vor allem Äpfel – in zehn verschiedenen Sorten – und Erdbeeren, aber auch Pflaumen, Zwetschgen und Mirabellen. Obstbaumeister Frank Mertens und sein Team sorgen mithilfe neuester biologischer Anbautechniken und integriert-kontrollierten Methoden dafür, dass dabei Pflanzenschutzmittel auf ein Minimum beschränkt werden. Ein ausgeklügeltes Kühlsystem wiederum macht es möglich, dass Äpfel ganzjährig gelagert werden können, ohne an Qualität zu verlieren. Und das Beste: Die Erzeugnisse des Obsthof Mertens kann man direkt in Düsseldorf kaufen. Im Hofladen an der Rethelstraße gibt es neben Obst auch Gemüse von befreundeten niederrheinischen Höfen, Apfel- und Zuckerrübenkraut, Eingelegtes sowie hausgemachte Essige und Öle, Obst- und Gemüsesäfte, Liköre und vieles mehr.

Mit guten Äpfeln kann man natürlich eine Menge anstellen – aber was geht schon über einen leckeren Apfelpfannkuchen? Frank Mertens Frau Nadine verrät, wie's geht.

Obsthof Mertens
www.obsthof-mertens.de
Düsseltal, Rethelstr. 123
Fon 6 18 52 66
Meerbusch, Niederlöricker Str. 61
Fon 0 21 32. 65 96 17

Nervennahrung
für Fans

Dass Chocolatiers mit süßem Naschwerk ihrer Heimatstadt huldigen, ist ja nichts Neues. Doch was sich Karl-Josef Kuhlen so alles ausgedacht hat, ist schon etwas ganz Besonderes. Alles fing mit einer buchstäblichen Schnapsidee an: Der Chocolatier füllte Düsseldorfs berühmten Kräuterlikör, den Killepitsch, in Zartbitter- und Vollmilch-Pralinés, die von Fachleuten prompt zum Praliné des Monats gekürt wurden. Das war 2004. Sogleich meldete sich die Geschäftsführung der Düsseldorfer Löwensenf GmbH bei ihm – sechs Monate lang tüftelte Karl-Josef Kuhlen in den Labors des Senfherstellers, bis ABB- und Löwensenf-Pralinen die richtige Mischung aus Schärfe und Süße aufwiesen. Es gibt auch welche mit Chili-Senf und welche, denen noch Kokosnuss und Curry beigemischt werden – die sind besonders gut. Bei einer Veranstaltung reichte man Gertrud Schnitzler-Ungermann, Inhaberin der Düsseldorfer Brauerei Schumacher, eine solch würzige Praline. Ihr Kommentar: „Finde ich lecker. Hätte ich aber noch lieber mit einer Schumacher-Alt-Füllung." Hat sie gleich am nächsten Tag bekommen.

Und dann wären da noch die Fortuna-Trüffel-Sahne-Pralinen: Mit Chili für den Pep auf dem Platz, mit Orange für den strapazierten Vitamin-C-Haushalt, mit Sahne für die notwendigen Kalorien – kurz, Fortuna-Pralinés bringen Spielern Energie und nähren die Nerven der zitternden Fans. Und zartschmelzend köstlich sind sie auch noch ...

Das alles und noch viel mehr Pralinen, Konfekt, Gebäck, Torten und Tafelschokoladen stellen Karl-Josef Kuhlen und seine Familie her. Man kann sie im kleinen Geschäft der Kuhlens an der Kaiserswerther Straße kaufen, wo Angelika Kuhlen für die Kunden da ist. Die Kuhlens entstammen einer alten rheinischen Konditoren-Dynastie, die seit Beginn des 20. Jahrhunderts in Düsseldorf und am Niederrhein Cafés und Konditoreien betrieb. Und die Söhne Karl-Josef Kuhlens werden dafür sorgen, dass wir Düsseldorfer auch in ferner Zukunft noch Killepitsch-, Altbier-, Senf- und Fortuna-Pralinés vernaschen dürfen. Gut so!

Chocolatier Kuhlen
www.chocolatier-kuhlen.de
Pempelfort, Kaiserswerther Str. 19
Fon 4 98 40 10

Uerige-Altbier-Schoko-Mousse

Wochenlang haben die Köche und Köchinnen der Hausbrauerei Uerige an diesem Rezept gearbeitet und alles dafür eingesetzt, was unter dem eigenen Dach produziert wird: Das klassische Uerige-Alt, wie wir Düsseldorfer es kennen und meist auch lieben, das hochprozentige Sticke, das noch stärkere DoppelSticke (8,5 Prozent) und auch den Edelbrand Stickum sowie den Whisky namens Baas (siehe nächste Seite). Es stellte sich heraus: mit DoppelSticke schmeckt die Schoko-Mousse am besten. Wer sie nicht selbst zu Hause zubereiten möchte, geht am Abend ins Uerige: Ab 18.30 Uhr wird sie serviert – solange der Vorrat reicht. Und sonntags kann man sie schon ab 13.30 Uhr genießen. Statt Kuchen …

Zutaten für 10 Altbier-Gläser à 0,2 l

500 g Zartbitter-Kuvertüre
1 l Sahne
200 g Zucker
8 Eier
DoppelSticke nach Geschmack

Die Kuvertüre im Wasserbad schmelzen. Die Sahne mit der Hälfte des Zuckers steif schlagen, 1/4 davon für die Dekoration beiseitestellen. Die Eier trennen. Eiweiß und Eigelb jeweils mit dem restlichen Zucker schaumig rühren. Zum Eigelbschaum die geschmolzene Kuvertüre sowie die Sahne hinzufügen und alles rasch glatt rühren. Dann den Eischnee unter die Kuvertüre-Eigelb-Masse heben, sodass eine luftig-lockere Mousse entsteht. Mit Doppel-Sticke verfeinern und kalt stellen. Kurz vor dem Servieren mit einer Sahnehaube dekorieren.

Spirits of Düsseldorf

Der berühmte Killepitsch aus Düsseldorf ist im ganzen Land bekannt – jetzt kommen aber auch ein edler Single Malt und ein feiner Gin aus unserer schönen Genussmetropole. Das hat uns wirklich noch gefehlt!

Killepitsch. Neben Altbier und Senf der wohl bekannteste Ur-Düsseldorfer Gaumenschmeichler: Welcher Landeshauptstädter musste nicht schon einmal Exil-Düsseldorfern eine Flasche Killepitsch mitbringen; bis nach Japan und in die USA wird das bittersüße Tröpfchen exportiert. Gutes Marketing schon die Geschichte der „Erfindung" des kräftigen Kräuterlikörs: Zwei im Luftschutzbunker sprechen von „einen pitschen", bevor sie „gekillt werden", einer davon war der Likörhersteller Peter Busch, der den guten Tropfen 1955 auf den Markt brachte. Zeitgemäß seine Vermarktung bis heute: Kommt er traditionell in einer Flasche mit weiß-rot-goldenem Etikett daher, zeigt er sich außerdem immer wieder gern in Sondereditions-Bouteillen (Foto). Heute trinkt man ihn auch als Shot, Sour oder Cocktail. Wer es traditionell mag, geht ins Et Kabüffke in der Flinger Straße 1, seit 1955 der Killepitsch-Ausschank schlechthin, und pitscht sich dort einen. Ist ja auch gesund: Schließlich sind nur natürliche Rohstoffe drin, nämlich 98 Kräuter, Beeren und Früchte aus aller Welt. Und 42 Prozent Alkohol. Wirkt!   **www.killepitsch.de**

Gin 1818. „Er hat eine tolle Duftnote, er kratzt nicht, und das Wacholder-Parfum kommt sehr schön raus", urteilt Michael Reinhardt, Inhaber und Küchenchef des Restaurant Reinhardt's auf Gut Moschenhof über den 1818, den ersten und einzigen Gin aus Düsseldorf, mit dem er Gin-Tonic-Lachs zubereitet (Seite 62). In der Niederkasseler Edel-Korn-Brennerei wird aus Wacholderbeeren, Zitrusfrüchten, Kräutern und Gewürzen ein vierzigprozentiges leckeres Tröpfchen, dessen Name an das Gründungsjahr der Schmittmann GmbH erinnert. Die Witwe Adelheid Schmittmann, wohnhaft auf dem Maurenbrecher Hof in Niederkassel, wurde damals mit ihrer Gastwirtschaft ins Steuerregister eingetragen. Sie versorgte trinkfeste Treidelschiffer und andere Reisende mit einem Gläschen Selbstgebranntem. Seither kommen viele hochgeistige Getränke aus der idyllisch gelegenen Destillerie, unter vielen anderen zum Beispiel Düsseldorfer Kirsch und Düsseldorfer Korn.   **www.schmittmann-korn.de**

Baas. „Dat könne mer och!" soll die Düsseldorfer Brauhaus-Legende Thea Schnitzler gesagt haben, als sie in den 1980er-Jahren in Schottland eine Whisky-Destillerie besuchte. Ihr Enkel, Uerige-Chef Michael Schnitzler, findet das auch: Er ließ einen Erweiterungsbau am guten alten Brauhaus errichten und darin eine Brennerei installieren. Das erste Schnäpsken, das hier gemacht wurde, war der Stickum, ein Edelbierbrand auf der Basis von Sticke und DoppelSticke (gehaltvolle Starkbiere mit 6 respektive 8,5 Umdrehungen). Es folgte der streng limitierte Stickum Plus, der sechs Monate im Limousin-Eichenfass reifen darf: kräftig-fruchtig und ein bisschen vanillig und karamellig.

Der Single-Malt-Whisky aus dem Hause Uerige heißt Baas – so nennt man im Rheinland bekanntlich den Chef eines Brauhauses. Für dieses feine Tröpfchen wird die Maische nach eigenem Rezept mit speziellen Malzen eingebraut und mit Uerige-Hefe vergoren. Anschließend lagert es mindestens drei Jahre in einem neuen Fass aus amerikanischer Weißeiche: holzig, getreidig, würzig und mit kräftigem Körper, urteilen die Experten.   **www.uerige.de**

KOCHSCHUL[E]

←

Frank Petzchen
Kochbücher & Kochseminare
Geballte kulinarische Kenntnis

„Was kann ich einem Hobbykoch schenken, der schon unzählige Kochbücher hat?" Eine Frage, die Frank Petzchen und seine Mitarbeiter häufig hören – und ganz sicher haben sie eines parat, das der zu Beschenkende noch nicht kennt. In seinem Laden nahe des Carlsplatzes gibt es nichts anderes als Kochbücher: Rund 5000 Titel stehen auf 50 Quadratmetern dicht gedrängt in deckenhohen Regalen, von kleinen und feinen in Pocket-Formaten bis hin zu äußerst aufwendig gemachten Bänden, in denen Foto- und Kochkunst kongenial zusammenfinden. Ein Mekka für alle, die gern kochen – oder einfach nur gern schöne Kochbücher anschauen.

Fortsetzung auf der nächsten Seite

Doch damit nicht genug: Frank Petzchen und sein Team machen außerdem mit ihren Kochkursen Furore, die im Basement des Kochbuchladens durchgeführt werden, wo eine geräumige High-Tech-Küche mit allem Zipp und Zapp auf die Lernwilligen wartet. Natürlich steht hier auch ein großer Esstisch bereit, an dem die zehn bis zwölf Teilnehmer der jeweiligen Kurse dann gemütlich zusammensitzen, um das gerade Zubereitete gemeinsam zu genießen. Und was für das Kochbuchangebot gilt, gilt auch für das der Kochschule: unvergleichlich umfangreich. Mehr als 30 Köche bringen Anfängern die Grundlage des Kochens bei oder zeigen bereits versierten Hobbyköchen raffinierte Profi-Tricks. Und sie geben gerne Rezepte weiter, die sie von weltweiten, offenbar genussvollen Reisen mitgebracht haben. Landesküchen von der rheinisch-regionalen und urdeutschen (sogar Brauhausküche!) bis hin zu der Myanmars kann der geneigte Hobbykoch hier kennen- und lieben lernen; es gibt Kurse – und Bücher – zu Fleisch und Fisch ebenso wie zu Vegetarischem und Veganem, zu Saisonalem wie Spargel und Pfifferlingen, Rustikalem wie Steaks & Co und Filigranem wie Saucen und Patisserie. Oder man geht mit den Kochlehrern auf Carlsplatz-Entdeckungsreise: „Da wird erst auf dem Markt entschieden, was gekocht wird".

Seine Liebe zu Kulinaria stellte Frank Petzchen schon als noch sehr junger Mann unter Beweis: Er begann eine Ausbildung zum Bäcker und Konditor, entschied sich dann aber doch für eine Karriere als Kaufmann. Geschadet hat das sicher nicht: Schließlich musste sein Kochbuchladen, den er 2005 eröffnete – der erste und bis heute einzige in Düsseldorf – ja auch finanziert werden. Schon drei Jahre später eröffnete er auf der Steinstraße eine weitere Dependance, deren großzügige Räumlichkeiten Koch-Events mit bis zu 60 Personen möglich machen. Und natürlich steht Frank Petzchen selbst leidenschaftlich gern am Herd, kocht vor allem indisch, aber auch vegetarisch: „Aus dem neuen Kochbuch von Yotam Ottolenghi habe ich schon so ziemlich alles zubereitet." Zwei seiner Lieblingsrezepte hat er uns verraten (Seite 14 und nächste Seite). Im Kochbuchladen ist er meist selbst anzutreffen und führt immer wieder gern einen kleinen kulinarisch geprägten Plausch. Was er hier von seinen Kunden auch oft hört: „Ich lese Kochbücher wie einen Krimi." Für alle, die gern kochen, gibt es eben nichts Spannenderes als ein neues Kochbuch – egal, ob man sie in der Küche studiert oder auf dem Sofa.

Frank Petzchen Kochbücher & Kochseminare
www.frankpetzchen.de
Carlstadt, Benrather Str. 6
Fon 1 52 09 71

Gemüsecurry

von Frank Petzchen

Zutaten für 4 Personen

200 g Kokosraspel
4 TL Pflanzenöl
2 Zwiebeln
6 getrocknete Chilis
2 TL Koriandersaat
4 Nelken
10 schwarze Pfefferkörner
5 cm Zimtstange
1/2 TL Kreuzkümmel
1/4 TL Senfsaat
1/2 TL Kurkuma
1 Lorbeerblatt
450 g marktfrisches Gemüse: Möhren,
Kohlrabi, Süßkartoffeln, Keniabohnen
600 ml Wasser
Salz
Limettensaft
3 EL gehacktes Koriandergrün

Die Kokosraspeln mit dem Öl in einem Topf rösten. Wenn sie goldgelb sind, in eine Schüssel geben und beiseitestellen. 1 Zwiebel schälen und in Ringe schneiden. Im selben Topf wie die Kokosraspel auch Chilis, Koriandersaat, Nelken, Pfeffer und Zimt 3 – 5 Minuten rösten. Zwiebelringe dazugeben und mitrösten. Die Kokosraspeln hinzufügen und alles mit dem Küchenstab oder im Mixer zu einer glatten Paste verarbeiten

Das restliche Öl in einem frischen Topf erhitzen und darin Kreuzkümmel, Senfsaat, Kurkuma und Lorbeer anrösten. Die zweite Zwiebel schälen, in feine Würfel schneiden und dazugeben. Weiterrösten, bis alles schön goldgelb ist.

Möhren, Kohlrabi und Süßkartoffeln putzen und in mundgerechte Stücke schneiden. Kokosmischung und 600 ml Wasser in den Topf zu den Gewürzen geben und gut verrühren. Die Gemüsestücke und die Keniabohnen entsprechend ihrer Garzeit nach und nach dazugeben und bissfest garen. Mit Salz und Limettensaft abschmecken und vor dem Servieren mit Koriandergrün garnieren.

EINKAUFS-ADRESSEN

Backwaren & Süßes

Bäckereien und Konditoreien, in denen das Wort „Fertigbackmischung" noch ein Fremdwort ist – hier wird traditionell und von Hand gearbeitet!

Bäckerei Behmer
www.baeckerei-behmer.de
Pempelfort, Nordstr. 65 – 69
Fon 4 91 14 44
Bilk, Brunnenstr. 73
Fon 3 11 08 77
Gerresheim, Benderstr. 36
Fon 28 78 30
Unterbach, Gerresheimer Landstr. 110
Fon 15 78 21 75

Bäckerei Hinkel
www.baeckerei-hinkel.de
Altstadt, Mittelstr. 25
Fon 86 20 34 21
Carlstadt, Hohe Str. 31
Fon 86 20 34 13

Bäckerei & Konditorei Cölven
www.baeckerei-coelven.de
Düsseltal, Rethelstr. 131
Fon 67 15 54

Bäckerei & Konditorei Schlüter
www.konditorei-schlueter.de
Stadtmitte, Oststr. 113
Fon 32 54 68

Chocolatier Kuhlen
www.chocolatier-kuhlen.de
Pempelfort, Kaiserswerther Str. 19
Fon 4 98 40 10

Confiserie Heinemann
www.konditorei-heinemann.de
Stadtmitte, Martin-Luther-Platz 32
Fon 13 25 35
Stadtmitte, Bahnstr. 16
Fon 13 13 50
Stadtmitte, Königsallee 1 im Kaufhof
Fon 13 41 14
Düsseltal, Rethelstr. 150
Fon 5 83 71 79
Oberkassel, Luegallee 79
Fon 5 98 27 31

Gut & Gerne Schokolade
www.schokoladenfachgeschaeft.de
Altstadt, Burgplatz 3 – 5
Fon 86 39 96 96

Ihr Bäcker Schüren
www.ihr-baecker-schueren.de
Pempelfort, Nordstr. 77
Fon 4 98 42 33
Düsseltal, Rethelstr. 144
Fon 1 70 98 72
Oberkassel, Luegallee 93
Fon 50 67 90 51
Benrath, Hauptstr. 5
Fon 71 47 63

js-schocoladen
www.js-schokoladen.de
Benrath, Friedhofstr. 5
Fon 59 82 44 53

Pâtisserie Passion
(siehe auch Seite 168)
www.patisseriepassion.de
Pempelfort, Kaiserstr. 24a
Fon 17 83 55 63

Pure Freude
www.purefreude.de
Carlstadt Hohe Str. 19
Fon 86 32 01 49

Sweet Time
Oberkassel, Belsenstr. 18
Fon 54 47 85 61

Feinste Feinkost

... aus der Region und aus guten deutschen Landen sind in folgenden Geschäften zu haben. Und natürlich auf den Wochenmärkten (Seiten 128 und 162).

Brot & Butter
www.brot-und-butter.de
Stadtmitte, Steinstr. 4
Fon 6 68 38 53

Edeka Frischecenter Zurheide
www.frischecenter-zurheide.de
Benrath, Nürnberger Str. 40 – 42
Fon 74 96 58 00

Fisch & Meeresfrüchte

Fischhaus Obst
www.fischhaus-obst.de
Wochenmarkt Carlsplatz
Fon 32 44 01

Pahlke
www.fisch-pahlke.de
Wochenmarkt Carlsplatz
Fon 32 85 00
Gerresheim, Benderstr. 68
Fon 28 71 92

Fleisch

Natur- und teilweise Bio-Fleisch aus der Region bieten folgende Düsseldorfer Metzgereien an.

Fleischerei Erkes
Direkt vom Niederrhein kommt das Rote Höhenvieh, eine urtümliche Rinderrasse, deren Fleisch hier auch in Dry-aged-Qualität angeboten wird. Glehner Landschwein gibt es ebenso wie spanisches Ibérico.
www.fleischerei-erkes.de
Korschenbroich-Glehn, Hauptstr. 68
Fon 0 21 82. 43 47

Helmus
Naturfleisch und -geflügel vom Thönes-Naturverbund, einem Zusammenschluss von Bauern am Niederrhein, bei denen die Tiere artgerecht gehalten werden und das Futter vom eigenen Hof stammt. Daneben internationale Fleisch-, Wurst- und Schinkenspezialitäten in bester Qualität bis hin zu Gourmet-Genüssen wie Txogitxu-Rind aus dem Baskenland. Koteletts vom Schwäbisch-Hällischen ebenso wie vom Ibérico-Schwein. Außerdem eine große Auswahl an hausgemachten Salaten, Feinkost bis hin zu Wein und Öl und – Käse!
www.fleischerei-helmus.de
Oberkassel, Cheruskerstr. 107
Fon 55 20 88

Sassen
Nur Fleisch von Höfen aus der Region, die nach strengen Bioland-Richtlinien arbeiten: Rind, Kalb, Lamm, Schwein und Geflügel.
www.biofleisch-duesseldorf.de

Benrath, Hauptstr. 15
Fon 71 69 59
Carlstadt, Wochenmarkt auf dem
Carlsplatz, kein Fon

Stautenhof
siehe auch Hofläden: Bio-Höfe
www.stautenhof.de
Willich-Anrath, Darderhöfe 1a
Fon 0 21 56. 91 15 53

Stracke
Kalb, Rind, Schwein und Huhn sowie
Wurstwaren aus eigener Produktion –
alles bio-zertifiziert. Party-Service und
Bistro.
www.metzgerei-stracke.de
Unterbach, Gerresheimer Landstr. 72
Fon 20 27 43

Weitere empfehlenswerte Metzgereien und Fleischanbieter

Edeka Frischecenter Zurheide
Sowohl internationale als auch regionale
Fleisch- und Wurstwaren. Großer gläser-
ner Reifeschrank für Dry-aged-Beef.
Edeka Frischecenter Zurheide
www.frischecenter-zurheide.de
Benrath, Nürnberger Str. 40 – 42
Fon 74 96 58 00

Inhoven
Berühmt für seine Bratwurstkreationen:
„Shanghai Tiger", „Politbüro" oder
„King of Laos" werden unter ande-
rem mit Wasabi, Ingwer und Rote Bete
hergestellt. Dry-aged-Beef aus kleinem
Reifeschrank.
www.inhoven.de
Wersten, Werstener Dorfstr. 86
Fon 76 25 13

Klöpfer
Traditionsmetzger, seit 50 Jahren vor
Ort. Bestes abgehangenes Färsen-Rind-
fleisch, die stadtweit geschätzte „Nean-
dertaler Rostbratwurst" mit Petersilie
und Majoran, rund 120 Wurst- und Aufschnittsorten, Maishähnchen von Kikok.
www.fleischerfachgeschaeft-kloepfer.de
Pempelfort, Duisburger Str. 84
Fon 4 93 19 25

Schlösser
Beste Fleisch- und Wurstwaren von
Schwein, Kalb und Rind, auch Dry-aged-
Beef ist zu haben. Montags schlacht-
frische Innereien wie Schweineleber,
-nierchen und -pfötchen. Riesiges Angebot an Aufschnitt und Wurstwaren,
teils nach eigenem Rezept, teils in-
ternationaler Provenienz. Salzwiesenlamm und in der Schlösser-Küche zubereitete bürgerliche Fertiggerichte
zum Mitnehmen.
Stadtmitte, Oststr. 154
Fon 36 27 87
Carlstadt, Wochenmarkt Carlsplatz
Fon 8 62 27 79

Stüttgen
Fleisch und Geflügel in Gourmet-Qua-
lität: Ochsen- und Kalbfleisch aus der
Eifel inklusive Bäckchen, Nierchen, Zunge.
Ibérico-Schwein, Salzwiesenlamm aus
der Lüneburger Heide. Eifeler und nieder-
rheinisches Wild direkt vom Jäger; Label-
Rouge-Geflügel vom Bresse- und Perlhuhn bis zur Wachtel, zur Weihnachtszeit auch Kapaun und Nesttaube. Zahlreiche Wurst- und Aufschnittsorten,
hausgemachte Fonds und Feinkost wie
unter anderem Maultaschen.
Carlstadt, Wochenmarkt Carlsplatz
Fon 32 65 40

Waggershauser
Fleisch- und Wurstwaren aller Art,
beliebter Mittagsimbiss und hausge-
machte Fertiggerichte und Konserven,
dazu Feinkost und frisches Obst und
Gemüse aus Kappes Hamm.
Düsseltal, Rethelstr. 168
Fon 62 84 16

Japanische Lebensmittel

Dae-Yang
www.daeyang.de
Stadtmitte, Immermannstr. 21
Fon 16 15 67

Shochiku
www.shochiku-online.com
Stadtmitte, Immermannstr. 15
Fon 36 59 59

R(h)einer Wein
Zur Regionalküche passen deutsche
Weine besonders gut – in folgenden
Geschäften kennt man sich damit
bestens aus.

Bilker Weinhaus
www.bilker-weinhaus.de
Unterbilk, Lorettostr. 29
Fon 30 69 34

Der Weinladen
www.weinladen-online.de
Flingern, Birkenstr. 127
Fon 66 75 07

Die Weinquelle
www.die-weinquelle.com
Unterbach,
Gerresheimer Landstr. 99
Fon 20 25 04

Private Wein Compilation
www.weincompilation.de
Pempelfort,
Schwerinstr. 19
Fon 0172. 3 57 99 64

rotweiss
www.rotweiss.de
Stadtmitte, Worringer Str. 16
Fon 5 86 77 60

Sommelerie
www.sommelerie.de
Unterbilk, Bürgerstr. 28
Fon 39 39 99

Vindega
www.vindega.de
Hafen, Zollhof 8
Fon 15 76 46 20

Wein & Mehr
www.thomas-nies.de
Oberkassel, Quirinstr. 16
Fon 55 28 21

Wein Weuste
www.wein-weuste.de
Oberkassel, Cheruskerstr. 13
Fon 57 02 70

Wine Live
www.winelive.de
Meerbusch-Büderich, Dorfstr. 48
Fon 0 21 32. 6 58 64 60

Fotos aufgenommen bei Pure Freude und Vindega.

HOFLÄDEN – Einkaufen & Landpartie

Bei einer Überlandfahrt rund um Düsseldorf hat man mittlerweile den Eindruck, Hofläden fände man an jeder Weggabelung. Saisonales Gemüse und Obst sowie Kartoffeln bieten fast alle. Oft bekommt man auch Milchprodukte, Hausmacherwürste, Marmeladen, Apfel- und Birnenkraut sowie andere regionale Leckereien. Folgende Adressen haben darüber hinaus noch Besonderes zu bieten:

Eggenhof

Hähnchen und Suppenhühner, Flugenten und Gänse sowie Kaninchen aus artgerechter Haltung und eigener Schlachtung auf Bestellung. Ebenfalls im Bauernlädchen zu haben: Eier aus Freilandhaltung.
www.eggenhof-neuss.de
Neuss, Eggenhofstr. 9, Fon 0 21 31. 54 15 63

Frenkenhof

Neben Obst, Gemüse, Spargel und Kartoffeln gehören Eier von garantiert freilaufenden Hühnern und Gänsen zum Angebot.
www.frenkenhof.de
Meerbusch-Osterrath, Görgesheideweg 168
Fon 0 21 59. 91 03 36

Grütersaap

Täglich frisches Lammfleisch direkt vom Hof. Außerdem: Molkereiprodukte von der Landbutter bis zum Käse sowie verschiedene Produkte aus Lammfell. Hofcafé und Grillstation.
www.gruetersaap.de
Düsseldorf-Knittkuhl, Grütersaaper Weg 110
Fon 01 62. 7 93 68 10

Hofladen Gärtnerei Peter

Geflügel aus eigener Aufzucht: Hühner, Gänse, Enten, Puten, Perlhühner und Wachteln haben hier Freilandauslauf. Antibiotika und Wachstumsförderer sind tabu. Und natürlich gibt es Freilandeier von glücklichen Hühnern.
www.hofladen-peters.de
Dormagen, Hackenbroicher Str. 8. Fon 0 21 33. 6 12 00

Liedberger Burghof

Gesunde Vitamine satt: Im großzügigen, rundum gut sortierte Laden auf dem Burghof gibt es neben dem gewohnten heimischen Obst wie Äpfeln, Erdbeeren, Pflaumen und Kirschen sogar saftig süße Aprikosen aus eigenem Anbau.
www.liedberger-burghof.de
Korschenbroich-Liedberg, Schloßstr. 21,
Fon 0 21 66. 98 44 68

Trotzhof

Fleisch vom Highland-Cattle-Rind. Die Herde des Hofes steht das ganze Jahr auf der Weide.
www.trotzhof.de
Düsseldorf-Gerresheim, Rotthäuser Weg 104
Fon 02 11. 28 72 81

Alles Bio

Biohöfe im Windrather Tal
Seite 32

Pfannenschuppen Grevenbroich
Der Bioland-Verband-Hof bietet unter anderem das ganze Jahr lang mehr als ein Dutzend Kartoffelsorten von der Annabelle bis zur Violette, der besonders schmackhaften, farbkräftigen Urknolle.
www.pfannenschuppen.de
Grevenbroich, Pfannenschuppen 1, an der B 477
Fon 0 21 82. 57 86 45

Stautenhof
Auf dem Bio- und Naturlandhof führen Hühner und Schweine ein rundum glückliches Leben fern von Turbomast und Tiertransporten. Einzigartig in NRW: Aufzucht und Futteranbau sowie Schlachtung finden ausschließlich auf dem Hof statt. Mit eigener Metzgerei, Bäckerei, Hofcafé und kleinem Bistro auch ein beliebtes Ausflugsziel.
www.stautenhof.de
Willich-Anrath, Darderhöfe 1 a, Fon 0 21 56. 91 15 53

Glossar

Amaranth – auch Fuchsschwanz genannt, ist eine der ältesten, krautähnlichen Nutzpflanzen des Menschen. Man kann ihn wie Spinat als Blattgemüse zubereiten oder verwendet die an Hirse erinnernden eiweißreichen Samenkörner als Getreideersatz. Es gibt zahlreiche verschiedene Sorten. Der Rote Meyer etwa ist hierzulande eine alte Bauerngartenpflanze. Mit den hübschen, meist leicht rötlich bis tief purpurfarbenen Blättern und Rispen sind unter anderem der Gemüse- wie der Garten-Amaranth auf dem Teller eine schmackhafte Zierde. Zum Beispiel in Faridehs Gemüsegarten (Seite 150)

Basic Textur – ein rein pflanzlicher und damit veganer, farb- und geschmacksneutraler Konsistenzgeber, der nur aus zwei natürlichen Komponenten besteht: Wasser sowie entsafteten, entölten und getrockneten Zitrusfrüchten. Man könnte auch sagen: ein zeitgemäßes Bindemittel für Saucen, Suppen, Emulsionen (Salatdressing! Hollandaise!), Farcen, Eis und Sorbet, aber kalorienärmer, zusatzstoff-, gluten-, laktose-, allergenfrei, und, das Wichtigste, auch klümpchenfrei und „gelingsicher", wie der Hersteller es formuliert. Man kann es für Warmes und Kaltes verwenden und Emulsionen ohne Ei anrühren und, und, und … Aufkochen ist nicht nötig, und die entstandene Konsistenz quillt nicht nach. Markus Schulte vom Alten Fischerhaus (Seite 52) schwört drauf.

Confit – in Fett (Schmalz) gegartes und anschließend darin konserviertes Fleisch und Geflügel. Der Begriff kommt von französisch „confire" für einmachen, einkochen, einlegen. Die bekanntesten Varianten sind Confit de canard und Confit d'oie. Dafür werden die Geflügelteile, meist die Keulen, von Ente und Gans zunächst mit Salz eingerieben, respektive für einen Tag in Salzlake eingelegt und dann bei nicht zu stärker Hitze mindestens 1 Stunde und mehr im eigenen Fett weich gekocht. Man schichtet sie schließlich mit reichlich eigenem Fett und/oder Schweinschmalz in fest verschließbare Steinguttöpfe und Gläser. So ist das Fleisch sehr lange haltbar. Verkauft wird Confit heute meist in Dosen, sind in Frankreich in jedem Supermarkt und bei uns im gut sortierten Feinkosthandel erhältlich.

Craft Beer – handwerklich gebrautes Bier. Die Idee zum „Craft-Brewing" entstand in den 1980er-Jahren in den USA, als Liebhaber begannen, ihr eigenes Bier zu brauen, um nicht auf die Produkte der Massenbrauereien angewiesen zu sein. In den USA ist Craft Beer nun auch schon wieder ein großer Markt – bei uns in Deutschland noch ein wachsender Trend. Eindeutig definiert ist der Begriff dabei nicht – schließlich gibt es hierzulande, anders als in den USA, nicht erst seit gestern etliche kleine und mittlere Brauereien, aus denen handwerklich gemachte Bierspezialitäten kommen. Vielfalt statt Mainstream, hochwertige, oft regionale Produkte als Basis, Sorgfalt bei der Herstellung inklusive des Verzichts auf chemische Hilfsstoffe sind für die Protagonisten der Craft-Beer-Szene wie für die kleinen, feinen Traditionsbrauereien gleichermaßen Grundregeln ihrer Braukunst. Wer gern Alt mag, braucht sich um Craft Beer weiter keine Gedanken zu machen: Alt wird in den Hausbrauereien seit jeher handwerklich gebraut – und das auch noch nach dem berühmten Reinheitsgebot von 1516.

Ganache – bei uns auch Pariser Creme genannt, ist eine Patisserie-Creme, die in der Basis aus Schokolade und Sahne oder Butter gemacht wird, um damit Kuchen, Gebäck und Pralinen zu füllen, Petit Fours herzustellen oder Süßes zu garnieren. Oft wird sie mit Gewürzen, Früchten, Nüssen, Mandeln oder Hochprozentigem aromatisiert.

Geklärte Butter – Butter, der durch behutsames Schmelzen, Erhitzen und Abseihen das Wasser und feste Bestandteile wie Milcheiweiß und der Milchzucker entzogen wurden. Und das geht so: Die Butter wird ohne Rühren im heißen Wasserbad zerlassen. Dabei verdunstet das Wasser in der Butter; die festen Bestandteile wie Proteine und Zuckerstoffe setzen sich je nach Gewicht als Schaum an der Oberfläche oder als weißlicher Belag am Topfboden ab und lassen sich anschließend ganz leicht abtrennen. Es sind jene Bestandteile, die für die geringe Hitzebeständigkeit und das Ranzigwerden von Butter verantwortlich sind. Zurück bleibt das reine Butterfett. Geklärte Butter wird unter anderem für warme emulgierte Speisen wie eine Sauce Hollandaise, zum Braten und Schmoren verwendet. Auch gut: geklärte Butter vor dem Gratinieren über die Speise träufeln. Wer nicht selbst die Butter vom Eiweiß trennen möchte, kauft Butterschmalz.

Montieren – oder „aufmontieren", wie Köche gerne sagen, ist das Aufschlagen einer Sauce, einer Jus oder einer Suppe mit dem Schneebesen. Meist werden dazu kalte oder gefrorene Butterflocken oder geschlagene Sahne eingerührt. Es entsteht eine Fett-in-Wasser-Emulsion, durch die die Speise cremig, luftig und leicht wird. Nach dem Montieren sollten Sauce, Jus oder Suppe nicht mehr kochen und sofort serviert werden, sonst besteht die Gefahr, dass sich Fett und Wasser wieder trennen. Auch Erhitzung würde die Emulsion „brechen". Von Montieren spricht man übrigens auch, wenn man Eiweiß zu Eischnee aufschlägt.

Panko – ein Paniermittel aus der japanischen Küche und hierzulande auch schon sehr beliebt. Es wird aus speziellem Weißbrot ohne Rinde hergestellt. Dessen wesentlichen Zutaten sind Weizenmehl, Hefe, Backfett, Stärke und Zucker. Ganz anders als unser Paniermehl ist es flockig und sehr leicht und sorgt für eine entsprechend fluffige Panade.

Tonkabohne – mattschwarzer, änglicher und mandelähnlicher Samen eines in Südamerika beheimateten Baumes und eine sehr gerne für Desserts verwendete Zutat. Ihr intensives Aroma erinnert an Süßmandel und Vanille, hat aber auch etwas von Muskat und Zimt. Wie diese beiden Gewürze enthält die Tonkabohne ebenfalls Cumarin, darf also auch nur in kleinen Dosen verwendet werden. Man reibt sie ebenso fein wie die Muskatnuss.

Wagyu-Rindfleisch – bei Kennern hoch geschätzte Delikatesse, denn anders als bei anderen Rindern ist das Fett im Muskelfleisch der Wagyu-Rinder nicht punktuell, sondern gleichmäßig in sehr feiner Marmorierung verteilt – langsame und kenntnisreiche Mast macht's möglich. Wagyu ist eine Rinderrasse japanischen Ursprungs und das wohl teuerste Hausrind der Welt. Eine Besonderheit: Die Rasse wurde kaum Kreuzungen unterzogen. Bekannt wurde das Wagyu- durch das Kobe-Rind. Dieses ist ein Wagyu, das in der Region Kobe geboren, gezogen, gemästet und geschlachtet wurde. Kobe ist also eine geschützte Herkunftsbezeichnung wie etwa Champagner oder Camembert oder auch Düsseldorfer Senf. Wagyu-Rindfleisch ist ein Luxusprodukt und entsprechend hochpreisig.

Restaurants von A bis Z

Krapfen mit Rosinen

wie sie in der Bäckerei Hinkel gebacken werden

100 g Butter
300 ml Wasser
20 g Zucker
1 Prise Salz
220 g Mehl
300 g Ei
10 ml Rum nach Belieben
1 Handvoll Rosinen
hocherhitzbares Fett
Zucker zum Wälzen

Butter, Wasser, Zucker und Salz zusammen in einem Topf erhitzen und aufkochen lassen.

Mehl zu der kochenden Butter-Wasser-Zucker-Salz-Mischung geben. Das Mehl muss nun mit einem Löffel unter die Masse gehoben werden, die Masse wird weiterhin erhitzt. Nun merkt man, dass die Stärke durch die Hitze „verkleistert", die gesamte Masse ziemlich fest wird und eine teigige Konsistenz bekommt. Ist man sich unsicher, lässt man die Masse lieber etwas länger auf der Kochfläche, aber es darf natürlich auch nichts anbrennen – also immer schön fleißig weiterrühren.

Die Masse auf einem Blech verteilen, mit Klarsichtfolie abdecken und gut abkühlen lassen. Das Rösten kann auch am Vortag gemacht werden!

Ei und Rum vermischen und solange unterheben, bis eine einheitliche Masse entsteht. Nun eine gute Handvoll Rosinen hinzugeben und kurz unterheben. Die Menge der Rosinen kann variiert werden, je nach Geschmack.

Das Fett (möglichst hoch-erhitzbares Frittierfett – wir nutzen Erdnussfett – aber Vorsicht bei Erdnuss-Allergikern!) in einem Topf oder einer Fritteuse auf 170 Grad Celsius erhitzen. Mit einem Löffel oder einem Eiskugelportionierer die Krapfenmasse direkt in das heiße Fett „portionieren" und aufpassen, dass man keinen Spritzer abbekommt. Die Krapfen sollten immer mal wieder gedreht werden, schließlich sollen sie gleichmäßig braun werden. Ca. 20 Minuten liegen die Krapfen im heißen Fett. Je nach Größe kann das natürlich etwas variieren. Mit einem Schaumlöffel aus dem Fett holen, und sobald man die Krapfen „berühren" kann, im Zucker drehen. Fertig!

Rezepte von A bis Z

IMPRESSUM

Bibliografische Information der Deutschen Nationalbibliothek
Die Deutsche Nationalbibliothek verzeichnet diese Publikation in der Deutschen Nationalbibliografie; detaillierte bibliografische Daten sind im Internet über http://dnb.d-nb.de abrufbar.

© 2015 Droste Verlag GmbH, Düsseldorf
Gestaltung/Satz:
Julia Theis, MedienDesign Schalk & Sommermeyer, Düsseldorf
Fotos: Michael Lübke, Düsseldorf (bis auf Seite 15, 101 © Frank Petzchen, Seite 43 © superfood/fotolia, Seite 175 o. li. © darknightsky/fotolia)
Druck und Bindung:
DZA Druckerei zu Altenburg GmbH
ISBN 978-3-7700-1552-8

www.drosteverlag.de